Georg Christoph Lichtenberg

Aphorismen und andere Sudeleien

Georg Christoph Lichtenberg

Aphorismen
und andere Sudeleien

Herausgegeben von
Ulrich Joost

Mit 12 Abbildungen

Philipp Reclam jun. Stuttgart

RECLAM TASCHENBUCH Nr. 20213

Reihengestaltung: büroecco!, Augsburg
Umschlaggestaltung: Eva Knoll, Stuttgart, unter Verwendung
einer Zeichnung von Robert Gernhardt aus ders.:
Unsere Erde ist vielleicht ein Weibchen.

Gesamtherstellung: Reclam, Ditzingen
Printed in Germany 2010
RECLAM ist eine eingetragene Marke
der Philipp Reclam jun. GmbH & Co. KG, Stuttgart
ISBN 978-3-15-020213-5

www.reclam.de

Inhalt

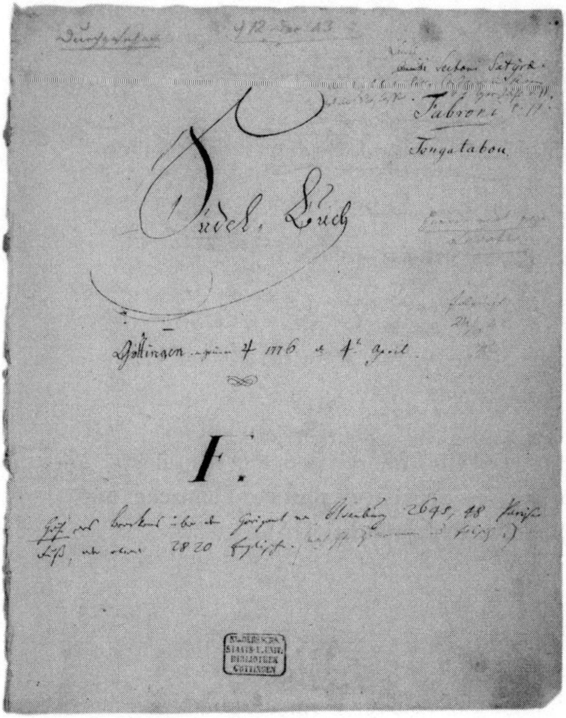

Sudelbuch *F*, Titelblatt

[Sudel-Buch / Göttingen am grünen Donnerstag 1776. den 4ten April. / f. / Lucii Sectani Satyra. Der noch lebende Pater Cordara in Rom ist der Verfasser. vid Björnståhl T. II. p. 77 / Fabroni. / Tongatabou. / Höhe des Brockens über den Horizont von Ilsenburg 2645,48 Pariser Fuß, oder etwa 2820 Englische. (nach Herrn Zimmermann und falsch:)]

I

»Schmierbuch-Methode bestens zu empfehlen«

Exzerpten-Buch Sparbüchse. [J 467 / 471]

in seinem Sudelbuch (common place book) [D 662 / 668]

Die Kaufleute haben ihr Waste book (Sudelbuch, Klitterbuch glaube ich im Deutschen), darin tragen sie von Tag zu Tag alles ein was sie verkaufen und kaufen, alles durch einander ohne Ordnung, aus diesem wird es in das Journal getragen, wo alles mehr systematisch steht, und endlich kommt es in den Ledger at double entrance nach der italienischen Art buchzuhalten. In diesem wird mit jedem Mann besonders abgerechnet und zwar erst als Debitor und dann als Creditor gegenüber. Dieses verdient von den Gelehrten nachgeahmt zu werden. Erst ein Buch worin ich alles einschreibe, so wie ich es sehe oder wie es mir meine Gedanken eingeben, alsdann kann dieses wieder in ein anderes getragen werden, wo die Materien mehr abgesondert und geordnet sind, und der Ledger könnte dann die Verbindung und die daraus fließende Erläuterung der Sache in einem ordentlichen Ausdruck enthalten. vid.[eatur] p.[agina] XXVI
[E 46 / 46]

ad p. VI [meint: E 46] In dem Sudel-Buch können die Einfälle die man hat, mit aller der Umständlichkeit ausgeführt werden, in die man gewöhnlich verfällt so lang einem die Sache noch neu ist. Nachdem man bekannter mit der Sache wird, so sieht man das Unnötige ein und fasst es kürzer. Es ist mir so gegangen als ich meinen

Timorus schrieb. Ich [habe] oft mit dem, was ein Aufsatz im Sudelbuch war, einen Ausdruck schattiert.

[E 149 / 150]

Über den Charakter eines wahren Geschichtschreibers habe ich in allen meinen Hudelbüchern Bemerkungen gesammelt, die zusammen zu suchen sind. Was mag wohl die Ursache sein dass wir so wenig recht gute Geschichtschreiber haben, Leute die die Lieblinge der Nation sind, die auf allen Tischen angetroffen werden? Wir haben Leute die gnau sind und das ist nötig aber gewiss nicht alles was nötig ist. Das interessiert den Menschen nicht, wenn es nicht aus einer Neben-Absicht geschieht, dass er entweder in einem Examine gut bestehen oder in einer Gesellschaft nicht unwissend scheinen, oder nicht es zu Unterstützung eines Beweises gebrauchen will. Wir vergrößern wie alle Wissenschaft so auch die Historie zu sehr, so wie unsere meisten Geschichtschreiber die Geschichte lehren gehören sie ihre oft unausstehliche Weitschweifigkeit ausgenommen in Lexika. Sie nehmen das Detail in einem unrechten Verstand. Große Vorfälle müssen detailliert werden aber nicht ein ganzer Krieg. Ich möchte wohl den Zeitpunkt beschreiben im vorigen Krieg von der Schlacht bei Roßbach bis nach der Schlacht bei Lissa, jenen für den König so wichtigen Winter. [E 386 / 389]

Ich habe schon lange an einer Geschichte meines Geistes so wohl als elenden Körpers geschrieben, und das mit einer Aufrichtigkeit die vielleicht manchem eine Art von Mitscham erwecken [wird], sie soll mit größerer Aufrichtigkeit erzählt [werden] als vielleicht irgend einer meiner Leser glauben wird. Es ist dieses ein noch ziemlich unbetretner Weg zur Unsterblichkeit (nur von Kardinal de Retz).

Nach meinem Tod wird es der bösen Welt wegen erst heraus kommen. [F 803 / 811]

Schmierbuch-Methode bestens zu empfehlen. Keine Wendung, keinen Ausdruck unaufgeschrieben zu lassen. Reichtum erwirbt man sich auch durch Ersparung der Pfennigs-Wahrheiten. [F 1209 / 1219]

II
»Pfennigs-Wahrheiten«

Ich träumte neulich an einem Morgen ich läge wachend im Bette und könnte keinen Atem bekommen, darauf erwachte ich ganz helle und spürte, dass ich nur ganz mäßig Mangel nach meiner damaligen Lage daran hatte, einem bloß fühlenden Körper kommen böse Empfindungen allzeit größer vor, als einem der mit einer denkenden Seele verknüpft ist, wo selbst oft der Gedanke, dass die Empfindungen nichts zu bedeuten haben, oder dass man sich, wenn man nur wollte, davon befreien könnte, vieles vom Unangenehmen vermindert. Wir liegen öfters mit unserm Körper so, dass gedrückte Teile uns heftig schmerzen, allein, weil wir wissen, dass wir uns aus dieser Lage bringen könnten, wenn wir nur wollten, so empfinden wir wirklich sehr wenig. Dieses bestärkt eine Anmerkung, die ich unten gemacht habe, nämlich, dass man sich durch Drücken die Kopfschmerzen vermindern kann. [A 51 / 52]

Man muss sich die Menschen nach ihrer Art verbindlich machen nicht nach der unserigen. [KA 2 / 165]

Jeder Mensch hat auch seine moralische backside, die er nicht ohne Not zeigt, und die er so lange als möglich mit den Hosen des guten Anstandes zudeckt. [B 74 / 78]

In dem Hause, wo ich wohnte, hatte ich den Klang und die Stimmung jeder Stufe einer alten hölzernen Treppe gelernt, und zugleich den Takt, in welchem sie jeder meiner Freunde, der zu mir wollte, schlug, und, ich muss gestehen, ich bebte allemal, wenn sie von einem Paar Füßen in einem mir unbekannten Ton heraufgespielt wurden. [B 75 / 79]

Charakter einer mir bekannten Person.

Ihr Körper ist so beschaffen, dass ihn auch ein schlechter Zeichner im Dunkeln besser zeichnen würde, und stünde es in ihrem Vermögen, ihn zu ändern, so würde sie manchen Teilen weniger Relief geben. Mit seiner Gesundheit ist dieser Mensch, ohnerachtet sie nicht die beste ist, doch noch immer so ziemlich zufrieden gewesen, er hat die Gabe, sich gesunde Tage zu Nutze zu machen, in einem hohen Grade. Seine Einbildungskraft, seine treuste Gefährtin verlässt ihn alsdann nie, er steht hinter dem Fenster den Kopf zwischen die zwo Hände gestützt, und wenn der Vorbeigehende nichts als den melancholischen Kopfhenker sieht, so tut er sich oft das stille Bekenntnis, dass er im Vergnügen wieder ausgeschweift hat. Er hat nur wenige Freunde, eigentlich ist sein Herz nur immer für einen Gegenwärtigen, aber für mehrere Abwesende offen, seine Gefälligkeit macht dass viele glauben er sei ihr Freund, er dient ihnen auch aus Ehrgeiz, Menschenliebe, aber nicht aus dem Trieb der ihn zum Dienst seiner eigentlichen Freunde treibt. Geliebt hat er nur ein oder zweimal, das eine Mal nicht unglücklich, das andere Mal aber glücklich, er gewann *bloß* durch Munterkeit und Leichtsinn ein gutes Herz, worüber er nun oft beide vergisst, wird aber Munterkeit und Leichtsinn beständig als Eigenschaften seiner Seele verehren, die ihm die vergnügtesten Stunden seines Lebens verschafft haben, und könnte er sich noch ein Leben und noch eine Seele wählen, so wüsste ich nicht ob er andere wählen würde, wenn er die seinigen noch einmal wieder haben könnte. Von der Religion hat er als Knabe schon sehr frei gedacht, nie aber eine Ehre darin gesucht ein Freigeist zu sein, aber auch keine darin, alles ohne Ausnahme zu glauben. Er kann mit Inbrunst beten und hat nie den 90ten Psalm ohne ein erhabenes, unbeschreibliches Gefühl lesen können. *Ehe denn die Berge worden* pp ist für ihn unendlich mehr als: Sing *unsterbliche Seele* pp. Er weiß nicht was er mehr hasst, junge Offiziers oder junge Prediger, mit keinen von beiden könnte er lange leben. Für Assembleen sind sein Körper und seine Kleider *selten* gut, und seine Gesinnungen selten .... genug gewesen. Höher als drei Gerichte des Mittags und zwei des Abends mit etwas Wein, und niedriger als täglich Kartoffeln, Äpfel, Brot und auch etwas Wein, hofft er nie zu kommen, in beiden Fällen würde er unglücklich sein, er ist noch allzeit krank geworden, wenn er einige Tage außer diesen Grenzen gelebt hat. Lesen und Schreiben ist für ihn so nötig als Essen und Trinken, er hofft es wird ihm nie an Büchern fehlen. An den Tod denkt er sehr oft und nie mit Abscheu, er wünscht dass er an alles mit so vieler Gelassenheit denken könnte, und hofft sein Schöpfer wird dereinst sanft ein Leben von ihm abfordern, von dem er zwar kein allzu ökonomischer, aber doch kein ruchloser Besitzer war.

[B 77 / 81]

Was mich allein angeht denke ich nur, was meine guten Freunde angeht sage ich ihnen, was nur ein kleines Publikum bekümmern kann schreibe ich, und was die Welt wissen soll wird gedruckt. Von einem Gedanken der mich angeht brauche [ich] nur ein Exemplar, eben so für den Freund und das kleine Publikum eben so viel, jedes auf eine Art gedruckt wie es sich für sie am besten schickt und am bequemsten ist, die Welt muss mehrere Exemplare haben, und so lassen wir drucken. Wäre es möglich auf irgend eine andere Art mit ihr zu sprechen, dass das Zurücknehmen noch mehr stattfände, so wäre es gewiss dem Druck vorzuziehen. [B 268 / 272]

Man gibt oft Regeln über Dinge, wo sie unstreitig mehr Schaden als Nutzen bringen. Was ich hier meine will ich mit einem Artikel aus einer Feuer-Ordnung erläutern. Anwendung wird sich jeder in seinen Wissenschaften zu machen wissen: Wenn ein Haus brennt, so muss man vor allen Dingen die rechte Wand des zur Linken stehenden Hauses und hingegen die linke Wand des zur Rechten stehenden Hauses zu decken suchen. Die Ursache ist leicht einzusehen, denn wenn man zum Exempel die linke Wand des zur Linken stehenden Hauses decken wollte, so liegt ja die rechte Wand des Hauses der linken Wand zur Rechten und folglich, weil das Feuer auch dieser Wand und der rechten Wand zur Rechten liegt, (denn wir haben ja angenommen, dass das Haus dem Feuer zur Linken liege), so liegt die rechte Wand dem Feuer näher als die linke, das ist die rechte Wand des Hauses könnte wegbrennen wenn sie nicht gedeckt würde, ehe die linke die man deckt wegbrennte, folglich könnte etwas wegbrennen das man nicht deckt und zwar eher ehe etwas anderes wegbrennen würde auch wenn man es nicht deckte, folglich muss man dieses lassen und jenes decken. Um sich die Sache zu imprimieren darf man nur bemerken, wenn das Haus dem Feuer zur Rechten liegt, so ist es die linke Wand, und liegt das Haus zur linken, die rechte Wand.
[B 328 / 333]

Ein gewisser Freund den ich kannte pflegte seinen Leib in drei Etagen zu teilen, den Kopf, die Brust und den

Unterleib, und er wünschte öfters, dass sich die Hausleute der obersten und der untersten Etage besser vertragen könnten. [B 339 / 344]

Bei mir liegt das Herz dem Kopf wenigstens um einen ganzen Schuh näher als bei den übrigen Menschen, daher meine große Billigkeit. Die Entschlüsse können noch ganz warm ratifiziert werden. [C 19 / 20]

Er kann sich einen ganzen Tag in einer warmen Vorstellung sonnen. [C 36 / 38]

Bei einem Brief an einen guten Freund, der gut geschrieben sein soll, muss immer hauptsächlich der eine Gedanke durch das Ganze hervorsehen: *Sie hatten nicht nötig gehabt sich zu bedanken*. Im Jetzigen muss das Künftige schon verborgen liegen. Das heißt Plan. Ohne dieses ist nichts in der Welt gut. [C 193 / 195]

Herr Capitaine-Lieutenant von Hammerstein war sehr für den Unterricht durch Maschinen. Sein Haupt-Argument war beständig, dass es immer ein Glück wäre so früh als möglich seine Absicht zu erreichen. Er hatte fast keinen andern Beweis. Da aber die Untersuchung einer Sache, die Bemühung sie zu verstehen uns das Ding an sich besser von mehreren Seiten kennen lehrt, sich von der besten Seite an unser Gedanken-System anschließet, so ist gewiss für Leute die die Kräfte haben eine Zeichnung dem Modell vorzuziehen. Der allzu schnelle Zuwachs an Kenntnissen der mit zu wenigem eigenem Zutun erhalten wird ist nicht sehr fruchtbar, die Gelehrsamkeit kann auch ins Laub treiben ohne Früchte zu tragen. Man findet oft sehr seichte Köpfe, die zum Erstaunen viel wissen. Was man sich selbst erfinden muss lässt im Verstand die Bahn zurück die auch bei einer andern Gelegenheit gebraucht werden kann.

[C 194 / 196]

Zwei auf einem Pferd bei einer Prügelei ein schönes Sinnbild für eine Staatsverfassung. [C 227 / 229]

Ich kann es wohl begreifen aber nicht anfassen und umgekehrt. [C 275 / 277]

Wenn ich dieses Buch nicht geschrieben hätte, so würde heute über 1000 Jahre abends zwischen 6 und 7 z.[um] E.[xempel] in mancher Stadt in Deutschland von ganzen andern Dingen gesprochen worden sein, als wirklich gesprochen werden wird. Hätte ich zu Vardöhus einen Kirschkern in die See geworfen, so hätte der Tropfen Seewasser den Myn Heer am Kap von der Nase wischt nicht gnau an dem Ort gesessen. [D 54 / 55]

Wenn er eine Rezension verfertigt, habe ich mir sagen lassen, soll er allemal die heftigsten Erektionen haben.

[D 74 / 75]

Alles bis auf das äußerste hinaus zu verfolgen, so dass nicht die geringste dunkle Idee zurückbleibt, mit Versuchen die Mängel daran zu entdecken, sie zu verbessern, oder überhaupt zu dieser Absicht etwas Vollkommeneres anzugeben, ist das einzige Mittel uns den so genannten gesunden Menschen-Verstand zu geben, der der Haupt-Endzweck unsrer Bemühungen sein sollte. Ohne ihn ist keine wahre Tugend. Er macht allein den großen Schriftsteller, scribendi recte sapere est et principium et fons. Man muss nur wollen, war der Grundsatz des Helvetius. [D 131 / 133]

Heutzutage machen drei Pointen und eine Lüge einen Schriftsteller. [D 137 / 139]

Ein Grab ist doch immer die beste Befestigung wider die Stürme des Schicksals. [D 141 / 143]

Gott schuf den Menschen nach seinem Bilde, das heißt vermutlich der Mensch schuf Gott nach dem seinigen. [...] [D 198 / 201]

Von der Verwandlung des Wassers in Wein vermittelst Zirkel und Lineal. [D 239 / 242]

Unsere Erde ist vielleicht ein Weibchen. [D 241 / 244]

Bei wachender Gelehrsamkeit und schlafendem Menschen-Verstand ausgeheckt. [D 322 / 325]

Dass der Mensch das edelste Geschöpf sei lässt sich auch schon daraus abnehmen, dass es ihm noch kein anderes Geschöpf widersprochen hat. [D 328 / 331]

Wenn ein Buch und ein Kopf zusammenstoßen und es klingt hohl, ist das allemal im Buch? [D 396 / 399]

Ich glaube kaum, dass es möglich sein wird zu erweisen, dass wir das Werk eines höchsten Wesens, und nicht vielmehr zum Zeitvertreib von einem sehr unvollkommenen sind zusammengesetzt worden. [D 409 / 412]

Es gibt heuer eine gewisse Art Leute, meistens junge Dichter die das Wort *Deutsch* fast immer mit offnen Naslöchern aussprechen. Ein sicheres Zeichen dass der Patriotismus bei diesen Leuten sogar auch Nachahmung ist. Wer wird immer mit dem Deutschen so dicke tun? Ich bin ein deutsches Mädchen, ist das etwa mehr als ein englisches, russisches oder otaheitisches? Wollt ihr damit sagen dass die Deutschen auch Geist und Talent besitzen? O das leugnet nur ein Unwissender oder ein Tor. Ich stelle mich zum Beweis, wenn er sich zur Behauptung stellt. Er sei Prinz, Duc, Bischof, Lord, Aldermann, Don oder was er will. Gut das ist ein Narre oder Unwissender wer das leugnet, das nehme ich schlechtweg an. Ich bitte euch Landesleute, lasst diese gänzlich unnütze Prahlerei, die Nation die uns verlacht und die die uns beneidet müssen sich darüber kützeln, zumal wenn sie inne werden, dass es ihnen gesagt sein soll.

[D 440 / 444]

Der Mann hatte so viel Verstand, dass er fast zu nichts mehr in der Welt zu gebrauchen war. [D 447 / 451]

Wenn Scharfsinn ein Vergrößrungs-Glas ist, so ist der Witz ein Verkleinerungs-Glas. Glaubt ihr denn dass sich bloß Entdeckungen mit Vergrößerungs-Gläsern machen ließen? Ich glaube mit Verkleinerungs-Gläsern, oder wenigstens durch ähnliche Instrumente in der Intellektual-Welt sind wohl mehr Entdeckungen gemacht worden. Der Mond sieht durch einen verkehrten Tubum aus wie die Venus und mit bloßen Augen wie die Venus durch einen guten Tubum in seiner rechten Lage. Durch ein gemeines Opern-Glas würden die Plejaden wie ein Nebelstern erscheinen. Die Welt, die so schön mit Bäumen und Kraut bewachsen ist, hält ein höheres Wesen als wir vielleicht eben deswegen für verschimmelt. Der schönste gestirnte Himmel sieht uns durch ein umgekehrtes Fern-Rohr leer aus. [D 465 / 469]

Ein Louisd'or in der Tasche ist besser als 10 auf dem Bücherschrank. [D 505 / 509]

Ich kann nicht leugnen, dass mir als ich zum erstenmal sah, dass man nun in meinem Vaterland anfange zu wissen was Wurzelzeichen sind, mir die klaren Freuden-Tränen in die Augen gedrungen sind. [D 510 / 514]

Da saß nun der große Mann, und sah seinen jungen Katzen zu. [D 523 / 527]

Die Gedanken dicht und die Partikeln dünne. [E 16 / 16]

Dass die wichtigsten Dinge durch Röhren getan werden. Beweise erstlich die Zeugungsglieder, die Schreibfeder und unser Schießgewehr, ja was ist der Mensch anders als ein verworrnes Bündel Röhren? [E 35 / 35]

Ir[by] Nichts kann mehr zu einer Seelen-Ruhe beitragen, als wenn man gar keine Meinung hat. [E 62 / 63]

Es hatte die Wirkung, die gemeiniglich gute Bücher haben. Es machte die Einfältigen einfältiger, die Klugen klüger und die übrigen Tausende blieben ungeändert. [E 128 / 129]

Die Leute können nicht begreifen, wie es Menschen geben könne, die das so genannte Weben des Genies in den Wolken, wo ein glühender Kopf halb gare Ideen auswirft, für Possen halten können, ja wie man so grausam sein könne [und] ganze Kapitel voll schöner Ausdrücke nicht so hoch achtet als ein Senfkorn von Sache. [E 193 / 194]

Unser Leben kann man mit einem Wintertag vergleichen, wir werden zwischen 12 und 1 des Nachts geboren, es wird 8 Uhr ehe es Tag wird, und vor 4 des Nachmittages wird es wieder dunkel, und um 12 sterben [wir.]

[E 210 / 212]

Ein Buch ist ein Spiegel, wenn ein Affe hineinguckt, so kann freilich kein Apostel heraus sehen. Wir haben keine Worte mit dem Dummen von Weisheit zu sprechen. Der ist schon weise der den Weisen versteht. [E 213 / 215]

Die große Regel: Wenn dein Bisschen an sich nichts Sonderbares ist, so sage es wenigstens ein bisschen sonderbar.

[E 240 / 243]

Briefe über die neuste Literatur: und ich dank es dem lieben Gott tausendmal, dass er mich zum Atheisten hat werden lassen. [E 249 / 252]

Ich erinnere mich deutlich, dass ich in meiner ersten Jugend einmal ein Kalb wollte apportieren lernen, allein ob ich gleich merkte, dass ich merklich in den nötigen Fertigkeiten zunahm, so verstunden wir uns einander alle Tage weniger, und ich ließ es endlich ganz und habe es nachher nie wieder versucht. [E 281 / 284]

Es gibt Leute, die glauben, alles wäre vernünftig, was man mit einem ernsthaften Gesicht tut. [E 283 / 286]

Wenn sie die Wahrheit in der Natur gefunden haben, so schmeißen sie sie wieder in ein Buch, wo sie noch schlechter aufgehoben ist. Formuln. [E 304 / 307]

Er schreibt, dass selbst den Engeln der Verstand stille steht. [E 307 / 310]

Schreibt man denn Bücher bloß zum Lesen? oder nicht auch zum Unterlegen in die Haushaltung? Gegen eins, das durchgelesen wird, werden Tausende durchgeblättert, andere Tausend liegen stille, andere werden auf Mauslöcher gepresst, nach Ratzen geworfen, auf andern wird gestanden, gesessen, getrommelt, Pfefferkuchen gebacken, mit andern werden Pfeifen angesteckt, hinter dem Fenster damit gestanden. [E 308 / 311]

Sagt, ist noch ein Land außer Deutschland, wo man die Nase eher rümpfen lernt als putzen? [E 313 / 316]

Ein guter Ausdruck ist so viel wert als ein guter Gedanke, weil es fast unmöglich ist sich gut auszudrücken ohne das Ausgedrückte von einer guten Seite zu zeigen. [E 321 / 324]

Viel Federkauens wollen wir gewiss nicht machen. [E 360 / 363]

Mit der Feder in der Hand habe ich, mit gutem Erfolg, Schanzen erstiegen, von denen andere mit Schwert und Bannstrahl bewaffnet zurückgeschlagen worden sind. [E 419 / 422]

Namentlich alle Buhl- und Betschwestern. [E 444 / 448]

Wenn Leute ihre Träume aufrichtig erzählen wollten, da ließe sich der Charakter eher daraus erraten, als aus dem Gesicht. [E 490 / 494]

Assoziation: Ein langes Glück verliert schon bloß durch seine Dauer. [F 6 / 6]

Lesen heißt borgen, daraus erfinden abtragen. [F 7 / 7]

Ich bin überzeugt, dass, wenn Gott einmal einen solchen Menschen schaffen [würde], wie ihn sich die Magistri und Professoren der Philosophie vorstellen, er müsste den ersten Tag ins Tollhaus gebracht werden. Man könnte daraus eine artige Fabel machen: Ein Professor bittet sich von der Vorsicht aus ihm einen Menschen nach dem Bilde seiner Psychologie zu schaffen, sie tut es und er wird in das Tollhaus gebracht. [F 32 / 33]

Das Wohl mancher Länder wird nach der Mehrheit der Stimmen entschieden, da doch jedermann eingesteht, dass es mehr böse als gute Menschen gibt. [F 51 / 52]

Es regnete so stark, dass alle Schweine rein und alle Menschen dreckig wurden. [F 99 / 100]

Wenn man ein altes Wort gebraucht, so geht es oft in dem Kanal nach dem Verstand den das ABC-Buch gegraben hat, eine Metapher macht sich einen neuen, und schlägt oft grad durch. ⟨Nutzen der Metaphern.⟩ [F 115 / 116]

Er las so sehr gerne, wie er sagte, Abhandlungen vom Genie, weil er sich immer stark darnach fühlte. [F 131 / 132]

So wie man den Heiligen eine Nulle über den Kopf malt. [F 166 / 167]

Die letzte Hand an sein Werk legen, das heißt verbrennen. [F 172 / 173]

Nichts erklärt Lesen und Studieren besser, als Essen und Verdauen. Der philosophische eigentliche Leser häuft nicht bloß in seinem Gedächtnis an, wie der Fresser im Magen, da hingegen der Gedächtnis-Kopf mehr einen vollen Magen, als einen starken und gesunden Körper bekömmt, bei jenem wird alles was er liest und brauchbar findet, dem System und dem inneren Körper, wenn ich so sagen darf, zugeführt, dieses hierhin und das andere dorthin, und das Ganze bekommt Stärke. [F 202 / 203]

Diesen mit Kaffee geschriebenen Brief wird Ihnen der Johann übergeben. Ich hätte Blut genommen, wenn ich keinen Kaffee gehabt hätte. [F 280 / 282]

Mir ist ein Kleintuer weit unausstehlicher als ein Großtuer, denn einmal verstehen es so wenig, weil es eine Kunst ist da Großtun aus der Natur entspringt, und dann lässt der Großtuer jedem seinen Wert, da der Kleintuer den, gegen welchen er es ist, offenbar verachtet. Ich habe einige gekannt, die von ihrem wenigen Verdienst, das sie hatten, mit soviel pietistischer Dünnigkeit zu sprechen wussten, als wenn sie fürchteten man möchte schmelzen, wenn sie sich in ihrem ganzen Licht zeigten. Ich habe mir aber angewöhnt über solche Leute zu lachen, und seit der Zeit sehe und höre ich sie gerne. [F 347 / 350]

Die Metapher ist weit klüger als ihr Verfasser und so sind es viele Dinge. Alles hat seine Tiefen. Wer Augen hat der sieht [alles] in allem. [F 366 / 369]

Wie nah wohl zuweilen unsere Gedanken an einer großen Entdeckung hinstreichen mögen? [F 420 / 423]

So sagt man jemand bekleide ein Amt, wenn er von dem Amt bekleidet wird. [F 423 / 426]

Man empfiehlt Selbst-Denken oft nur um die Irrtümer anderer beim Studieren von Wahrheit zu unterscheiden. Es ist ein Nutzen, aber ist das alles? wie viel unnötiges Lesen wird uns erspart. Ist denn Lesen Studieren? Es hat jemand mit großem Grunde der Wahrheit behauptet, dass die Buchdruckerei Gelehrsamkeit zwar mehr ausgebreitet aber im Gehalt vermindert hätte. Das viele Lesen ist dem Denken schädlich. Die größten Denker, die mir vorgekommen sind, waren gerade unter allen den Gelehrten die ich habe kennen gelernt die, die am wenigsten gelesen hatten. Ist denn Vergnügen der Sinne gar nichts? [F 435 / 439]

Wenn man die Menschen lehrt *wie* sie denken sollen und nicht ewig hin, *was* sie denken sollen: so wird auch dem Missverständnis vorgebeugt. Es ist eine Art von Einweihung in die Mysteria der Menschheit. Wer im eignen Denken auf einen sonderbaren Satz stößt, kommt wohl wieder davon ab, wenn er falsch ist. Ein sonderbarer Satz hingegen, der von einem Mann von Ansehen gelehrt wird, kann Tausende, die nicht untersuchen, irre führen. Man kann nicht vorsichtig genug sein in Bekanntmachung eigner Meinungen, die auf Leben und Glückseligkeit hinaus laufen, hingegen nicht emsig genug, Menschen-Verstand und Zweifel einzuschärfen. Hieher gehört die auf der gegenüberstehenden Seite angeführte Sentenz *every man's reason is every man's oracle.* [F 438 / 441]

Zweifel muss nichts weiter sein als Wachsamkeit, sonst kann er gefährlich werden. [F 443 / 447]

Man findet Spuren aller Wissenschaften in den Sprachen und umgekehrt vieles in den Sprachen, das in den Wissenschaften nützen kann. [F 470 / 474]

Wenn die Physiognomik das wird, was Lavater von ihr erwartet, so wird man die Kinder aufhängen ehe sie die Taten getan haben, die den Galgen verdienen, es wird also eine neue Art von Firmelung jedes Jahr vorgenommen werden. Ein physiognomisches Auto da Fe. [F 517 / 521]

Vorstellungen sind auch ein Leben und eine Welt. [F 537 / 542]

Schlankheit gefällt wegen des bessern Anschlusses im Beischlaf und der Mannigfaltigkeit der Bewegung. [F 598 / 603]

Quicquid recipitur, recipitur ad modum recipientis ist eine alte logische Maxime. [F 634 / 639]

Ich empfehle Träume nochmals; wir leben und empfinden so gut im Traum als im Wachen und sind jenes so gut als dieses, es gehört mit unter die Vorzüge des Menschen, dass er träumt *und es weiß*. Man hat schwerlich noch den rechten Gebrauch davon gemacht. Der Traum ist ein Leben, das, mit unserm übrigen zusammengesetzt, das wird, was wir menschliches Leben nennen. Die Träume verlieren sich in unser Wachen allmählig herein, man kann nicht sagen, wo das Wachen eines Menschen anfängt. [F 737 / 743]

Neue Blicke durch die alten Löcher. [F 871 / 879]

Ich kann nicht leugnen, mein Misstrauen gegen den Geschmack unserer Zeit ist bei mir vielleicht zu einer tadelnswürdigen Höhe gestiegen. Täglich zu sehen wie Leute zum Namen Genie kommen, wie die Keller-Esel zum Namen Tausendfuß, nicht weil sie so viele Füße haben, sondern weil die meisten nicht bis auf 14 zählen wollen, hat gemacht, dass ich keinem mehr ohne Prüfung glaube.
[F 962 / 971]

Es waren eigentlich nur 2 Personen in der Welt, die er mit Wärme liebte, die eine war jedesmal sein größter Schmeichler, und die andere war er selbst. [F 982 / 991]

Bei manchem Werk eines berühmten Mannes möchte ich lieber lesen was er weggestrichen hat, als was er hat stehen lassen. [F 989 / 998]

Der Trieb unser Geschlecht fortzupflanzen hat noch eine Menge anderes Zeug fortgepflanzt. [F 1070 / 1079]

Dass wir uns im Traume selbst sehen, kommt vom Spiegel-Sehen her, bei welchem wir nicht denken, dass es im Spiegel ist. Es ist aber im Traum die Vorstellung lebhafter und das Bewusstsein und Denken geringer. [F 1171 / 1180]

Eine Regel beim Lesen ist die Absicht des Verfassers, und den Hauptgedanken sich auf wenig Worte zu bringen und sich unter dieser Gestalt eigen zu machen. Wer so liest ist beschäftigt, und gewinnt, es gibt eine Art von Lektüre wobei der Geist gar nichts gewinnt, und viel mehr verliert, es ist das Lesen ohne Vergleichung mit seinem eigenen Vorrat und ohne Vereinigung mit seinem Meinungs-System. [F 1212 / 1222]

Bei Träumen ist doch dieses merkwürdig, dass Traum von Belehrung weiter nichts ist und sein kann als Erinnerung oder Zusammensetzung in unserem Kopf liegender Begriffe, es entsteht dabei eine Person dazu. [F 1219 / 1229]

[Vermutlich aus der Zeit der in der Handschrift verlorenen Sudelbücher G und H, 1779–1789]

Die Fehler, die die Damen beim Sprechen machen sind oft unwiderstehlich. [Magin S. 31 / UB 45]

Unter die größten Entdeckungen, auf die der menschliche Verstand in den neuesten Zeiten gefallen ist, gehört meiner Meinung nach wohl die Kunst Bücher zu beurteilen, ohne sie gelesen zu haben. [VS 2, 1801,366 f. / G 173]

Kirchtürme, umgekehrte Trichter, das Gebet in den Himmel zu leiten. [VS 2, 1801,375 / UB 8]

Der Amerikaner, der den Kolumbus zuerst entdeckte, machte eine böse Entdeckung. [VS 2, 1844,84 / G 183]

Es ist fast unmöglich, die Fackel der Wahrheit durch ein Gedränge zu tragen, ohne jemandem den Bart zu sengen. [VS 2, 1844,84 / G 13]

Er las immer Agamemnon statt Angenommen, so sehr hatte er den Homer gelesen. [VS 2, 1844,84 / G 187]

Er schlief in seiner gewöhnlichen Untätigkeit einmal so lange auf der Fensterbank, dass ihm die Schwalben hinter die Ohren bauten. [VS 2, 1844,88 / H 111]

Man stattete ihm sehr heißen, etwas verbrannten, Dank ab. [VS 2, 1844,88 / H 112]

Er hing noch auf der dortigen Universität, wie ein schöner Kronleuchter, auf dem aber seit zwanzig Jahren kein Licht mehr gebrannt hatte. [VS 2, 1844,88 / H 113]

Ein Kerl, der einmal seine 100 000 Taler gestohlen hat, kann hernach ehrlich durch die Welt kommen.
[VS 2, 1844,88 / H 114]

Ich habe gehört, er soll zuweilen nüchtern sein.
[VS 2, 1844,116 / UB 30]

Er wunderte sich, dass den Katzen gerade an der Stelle zwei Löcher in den Pelz geschnitten wären, wo sie die Augen hätten. [VS 2, 1801,141 / G 71]

Der Mensch liebt die Gesellschaft, und sollte es auch nur die von einem brennenden Rauchkerzchen sein.
[VS 2, 1801,142 / K 107]

Es gibt wirklich sehr viele Menschen, die bloß lesen, damit sie nicht denken dürfen. [VS 2, 1801,146 / G 82]

Ich habe durch mein ganzes Leben gefunden, dass sich der Charakter eines Menschen aus nichts so sicher erkennen lässt, wenn alle Mittel fehlen, als aus einem Scherz, den er übel nimmt. [VS 2, 1801,161 / K 118]

Die gesundesten und schönsten, regelmäßigst gebauten Leute sind die, die sich alles gefallen lassen. Sobald einer ein Gebrechen hat, so hat er seine eigne Meinung.

[VS 1, 1844,191 / G 86]

Die Leute, die niemals Zeit haben, tun am wenigsten.

[VS 1, 1844,197 / K 125]

Mit wenigen Worten viel sagen heißt nicht, erst einen Aufsatz machen, und dann die Perioden abkürzen; sondern vielmehr, die Sache erst überdenken, und aus dem Überdachten das Beste so sagen, dass der vernünftige Leser wohl merkt, was man weggelassen hat. Eigentlich heißt es, mit den wenigsten Worten zu erkennen geben, dass man viel gedacht habe. [VS 2, 1801,419 f. / G 215]

Herr Camper erzählte, dass eine Gemeinde Grönländer, als ein Missionär ihnen die Flammen der Hölle recht fürchterlich malte und viel von ihrer Hitze sprach, sich alle nach der Hölle zu sehnen angefangen hätten.

[VS 2, 1801,419 / G 11]

Ich glaube, der sicherste Weg, den Menschen weiter zu bringen, wäre, durch die polierte Vernunft des verfeinerten Menschen die blinden Naturbegriffe des Barbaren (der zwischen dem Wilden und Feinen in der Mitte steht) mit Philosophie zu verfeinern. Wenn es einmal in der Welt keine Wilden und keine Barbaren mehr gibt, so ist es um uns geschehen. [VS 2, 1801,49 / H 16]

Die gefährlichsten Unwahrheiten sind Wahrheiten mäßig entstellt. [VS 1, 1844,105 / H 24]

Ich und *mich. Ich* fühle *mich* – sind zwei Gegenstände. Unsere falsche Philosophie ist der ganzen Sprache einverleibt; wir können so zu sagen nicht räsonnieren, ohne falsch zu räsonnieren. Man bedenkt nicht, dass Sprechen, ohne Rücksicht von was, eine Philosophie ist. Jeder, der Deutsch spricht, ist ein Volksphilosoph, und unsere Universitätsphilosophie besteht in Einschränkungen von jener. Unsere ganze Philosophie ist Berichtigung des Sprachgebrauchs, also, die Berichtigung einer Philosophie, und zwar der allgemeinsten. Allein die gemeine Philosophie hat den Vorteil, dass sie im Besitz der Deklinationen und Konjugationen ist. Es wird also immer von uns wahre Philosophie mit der Sprache der falschen gelehrt. Wörter erklären hilft nichts; denn mit Wörtererklärungen ändere ich ja die Pronomina und ihre Deklination noch nicht.

[VS 2, 1802,56 f. / H 146]

Wir glauben, dass wir frei wären in unseren Handlungen, so wie wir im Träume einen Ort für ganz bekannt halten, den wir gewiss jetzt zum ersten Male sehen. So träumte mir in der Nacht vom 23sten auf den 24sten Oktober 1788, ich hätte mich in eine Stadt verirrt, von der mir nicht einmal der Name im Träume bekannt war und endlich, als ich in der Ferne eine zerfallene Bogenstellung bemerkte, war ich froh, weil ich die von meinem Garten aus sehen und also mein Haus nicht weit sein konnte. Beim Erwachen fand ich aber schon, dass ich nie in meinem Leben an einer solchen Bogenstellung gewohnt hatte u.s.w. In meinen Träumen findet sich mehr dergleichen.

[VS 1, 1844,41 / H 169]

Was bin ich? Was soll ich tun? Was kann ich glauben und hoffen? Hierauf reduziert sich alles in der Philosophie. Es wäre zu wünschen, man könnte mehr Dinge so simplifizieren; wenigstens sollte man versuchen, ob man nicht alles, was man in einer Schrift zu traktieren gedenkt, gleich anfangs so entwerfen könnte. [VS 2, 1801,60 / H 172]

So wie es vielsilbige Wörter gibt, die sehr wenig sagen, so gibt es auch einsilbige von unendlicher Bedeutung.
[VS 1, 1844,328 / H 64]

Man glaube nicht, dass eine Bemerkung für ein Schauspiel zu fein oder zu tief sei. Was der Kenner in der Natur zu finden im Stande ist, entdeckt er auch hier wieder. Vielleicht wäre es nicht gut, einen gar zu subtilen Satz zum Hauptgegenstand des Stücks zu machen; aber den Hauptsatz zu stützen, ist alles Wahre gut; und ist es sehr tief, so dient es dem Stück noch zu einer Stütze und, wenn ich so reden darf, zu einem Notpfennig, wenn die witzigen Einfälle und die Situationen längst nicht mehr haften wollen.
[VS 1, 1800,291]

Mutter unser die du bist im Himmel. [J 8 / 12]

Die Haare stehen einem zu Berge, wenn man bedenkt: was für Zeit und Mühe auf die Erklärung der Bibel gewendet worden ist. Wahrscheinlich ein Million Oktav-Bände jeder so stark als einer der allg.[emeinen] d.[eutschen] Biblioth.[ek] Und was wird am Ende der Preis dieser Bemühungen nach Jahrhunderten oder -tausenden sein? Gewiss kein anderer als der: die Bibel ist ein Buch von Menschen geschrieben, wie alle Bücher. Von Menschen die etwas anderes waren als wir, weil sie in etwas andern Zeiten lebten;

etwas simpler in manchen Stücken waren als wie wir, dafür aber auch sehr viel unwissender; dass sie also ein Buch sei worin manches Wahre und manches Falsche, manches Gute und manches Schlechte enthalten ist. Je mehr eine Erklärung die Bibel zu einem ganz gewöhnlichen Buche macht, desto besser ist sie, alles das würde auch schon längst geschehen sein, wenn nicht unsere Erziehung, unsere unbändige Leichtgläubigkeit und die gegenwärtige Lage der Sache entgegen wären. [J 12 / 17]

Die Träume können dazu nützen, dass sie das unbefangene Resultat, ohne den Zwang der oft erkünstelten Überlegung, von unserm ganzen Wesen darstellen. Dieser Gedanke verdient sehr beherzigt zu werden. [J 60 / 72]

Wenn ich im Traum mit jemanden disputiere und der mich widerlegt und belehrt, so bin ich es der sich selbst belehrt, *also nachdenkt*. Dieses Nachdenken wird also unter der Form von Gespräch angeschaut. Können wir [uns] also wundern, wenn die frühen Völker das was sie bei der Schlange denken (wie Eva) ausdrücken durch: *die Schlange sprach zu mir*. Der Herr sprach zu mir. Mein Geist sprach zu mir. Da wir eigentlich nicht gnau wissen *wo* wir denken, so können wir den Gedanken hin versetzen, wo wir wollen. [...] Wie erstaunend vieles ließe sich nicht durch die Träume noch entwickeln. [J 156 / 171]

Wenn sie auf dem Leihhause Menschen annähmen, so möchte ich wohl wissen wie viel ich auf mich geborgt bekäme. So sind die Schuldtürme eigentlich Leihhäuser, in welchen man nicht sowohl auf Meubeln, als auf die Besitzer selbst Geld leiht. [J 193 / 208]

Wie sind wohl die Menschen zu dem Begriff von *Freiheit* gelangt? Es ist ein großer Gedanke gewesen. [J 261 / 276]

Vor Gott gibt es bloß Regeln, eigentlich nur eine Regel und keine Ausnahmen. Weil wir die oberste Regel nicht kennen, so machen wir General-Regeln, die es nicht sind, ja es wäre wohl gar möglich, dass das, was wir Regel nennen, wohl selbst noch für endliche Wesen Ausnahmen sein könnten. [J 264 / 279]

Es soll Menschen gegeben haben, die, sogleich wenn sie einen Gedanken niederschrieben, auch sogleich die beste Form getroffen haben sollen. Ich glaube wenig davon. Es bleibt allemal die Frage ob der Ausdruck nicht besser geworden wäre, wenn sie den Gedanken mehr gewendet hätten, ob nicht kürzere Wendungen wären getroffen worden, ob nicht manches Wort weggeblieben wäre was man anfangs für nötig hielt, welches aber eigentlich doch nur unnütze Erläuterung war, wenigstens für den verständigen Leser. – Gleich auf den ersten Wurf so zu schreiben wie z.[um] E.[xempel] Tacitus liegt nicht in der menschlichen Natur. Um einen Gedanken recht rein darzustellen, dazu gehört sehr vieles Abwaschen und Absüßen, so wie einen Körper rein darzustellen. Um sich hiervon zu überzeugen vergleiche man nur die ersten Ausgaben der Reflexions des La Rochefoucauld mit den späteren (Man sehe die Ausgabe des Abbé Brotier à Paris 1789 8vo), so wird man finden was ich gesagt habe. – Wenigstens wird es kaum möglich sein im ersten Wurf so zu schreiben, dass man seine Schriften öfters wieder liest, und immer mit neuem Vergnügen. [...] – Auch verliert sich der Pruritus lucendi und man streicht weg, was bloß des Glanzes wegen dasteht. [J 268 / 283]

Das Schlimmste, dass ich in meiner Krankheit gar die Dinge nicht mehr denke und fühle ohne mich hauptsächlich mit zu fühlen. Ich bin mir in allem des Leidens bewusst, alles wird subjektiv bei mir und zwar bezieht sich alles auf meine Empfindlichkeit und Krankheit. Ich sehe die ganze Welt als eine Maschine an die da ist um mich meine Krankheit und mein Leiden auf alle mögliche Weise fühlen zu machen. Ein pathologischer Egoist. Es ist ein höchst trauriger Zustand. Hier muss ich sehen ob noch Kraft in mir ist, ob ich dieses überwältigen kann, wo nicht so bin ich verloren. Allein diese Art Krankheit ist mir schon gleichsam zur 2ten Natur geworden. Wenn mir nur eine schickliche Arznei das erste Differential von Stoß gäbe!! Pusillanimität ist das rechte Wort für meine Krankheit, aber [wie] benimmt man sich die? Diese zu überwinden würde Ehrensäulen verdienen, aber wer setzt dem Menschen Ehrensäulen, der sich aus einem alten Weibe zum Manne macht? [J 320 / 337]

Eine große Rede lässt sich leicht auswendig lernen und noch leichter ein großes Gedicht. Wie schwer würde es nicht halten, eben so viel ohne allen Sinn verbundene Wörter, oder eine Rede in einer fremden Sprache zu memorieren. Also Sinn und Verstand kömmt dem Gedächtnis zu Hülfe. Sinn ist Ordnung und Ordnung ist doch am Ende Übereinstimmung mit unserer Natur. Wenn wir vernünftig sprechen, sprechen wir nur immer unser Wesen und unsere Natur. Um unserm Gedächtnisse etwas einzuverleiben suchen wir daher immer einen Sinn hineinzubringen oder eine andere Art von Ordnung. Daher Genera und Species bei Pflanzen und Tieren, Ähnlichkeiten bis auf den Reim hinaus. Eben dahin gehören auch unsere Hypothesen, wir müssen welche haben, weil wir sonst die Dinge nicht behalten können. Dieses ist schon längst gesagt, man kömmt aber von allen Seiten wieder darauf. So suchen wir Sinn in die Körperwelt zu bringen. Die Frage aber ist, ob alles für uns lesbar ist. Gewiss aber lässt sich durch vieles Probieren, und Nachsinnen auch eine Bedeutung in etwas bringen was nicht für uns oder gar nicht lesbar ist. So sieht man im Sand Gesichter, Landschaften usw. die sicherlich nicht die Absicht dieser Lagen sind. Symmetrie gehört auch hieher. Silhouette im Dintenfleck pp. Auch die Stufenleiter in der Reihe der Geschöpfe, alles das ist *nicht in den Dingen, sondern in uns*. Überhaupt kann man nicht gnug bedenken, dass wir nur immer uns beobachten, wenn wir die Natur und zumal unsere Ordnungen beobachten.

[J 375 / 392]

Der Astronom, der mir eine Mondfinsternis Jahrhunderte auf eine Minute voraussagt, ist nicht im Stand mir den Tag vorher zu sagen ob wir sie werden zu sehen kriegen. Ja, was noch seltsamer ist, dass wir von der Stunde der großen Finsternis, unserem Tode nichts wissen. Es ist gar keine Basis da, trotz unserer Anatomie und Physiologie sind für uns gar keine Grundbeobachtungen hierüber zu machen.

[J 430 / 449]

Ich habe den Weg zur Wissenschaft gemacht wie Hunde die mit ihren Herrn spazieren gehen, hundertmal dasselbe vorwärts und rückwärts, und als ich ankam war ich müde.

[J 479 / 489]

Man kann wirklich nicht wissen ob man nicht jetzt im Tollhaus sitzt. [J 501 / 520]

Die meisten Glaubens-Lehrer verteidigen ihre Sätze, nicht weil sie von der Wahrheit derselben überzeugt sind, sondern weil sie die Wahrheit derselben einmal behauptet haben. [J 502 / 521]

Es ist kein tückischeres und boshafteres Geschöpf unter der Sonne als eine Hure, da [sie] sich Alters wegen genötigt sieht eine Betschwester zu werden. [J 525 / 544]

Wer eine Scheibe an seine Garten-Tür malt, dem wird gewiss hineingeschossen. [J 594 / 614]

Wenn es der Himmel für nötig und nützlich finden sollte mich und mein Leben noch einmal neu aufzulegen, so wollte ich ihm einige nicht unnütze Bemerkungen zur neuen Auflage mitteilen, die hauptsächlich die Zeichnung des Porträts und den Plan des Ganzen angehen. [J 639 / 659]

Ich versah alle Matrimonial-Angelegenheiten selbst und das hat mich auch etwas mitgenommen. [J 663 / 683]

Es gibt für mich keine gehässigere Art Menschen, als die welche glauben, dass sie bei jeder Gelegenheit ex officio witzig sein müssten. [J 664 / 684]

Es ist eine Frage, ob wir nicht, wenn wir einen Mörder rädern, grade in den Fehler des Kindes verfallen, das den Stuhl schlägt an den es sich stößt. [J 686 / 706]

Wenn die Rhein- und Mosel-Weine gut sein sollen, so ist es nötig, dass so wenig vom Rhein und der Mosel selbst hineinfließe, als möglich ist. [J 726 / 748]

Vom Wahrsagen lässt sichs wohl leben in der Welt, aber nicht vom Wahrheit sagen. [J 765 / 787]

Georg Christoph Lichtenberg

Bleistiftzeichnung eines unbekannten Künstlers, 1795 (?)
Das vermutlich naturgetreueste Porträt, wenngleich – auch an der typenartig, nämlich belehrenden Handhaltung sichtbar – vielleicht karikaturistisch verzerrt.

In einem Roman müsste es sich gut ausnehmen, des Helden Begriffe z. B. von der Erde in einer kleinen Charte vorzustellen. Die Welt würde rund vorgestellt, in der Mitte liegt das Dorf wo er lebt, sehr groß mit allen Mühlen pp vorgestellt, und dann umher die andern Städte, Paris London sehr klein, überhaupt wird alles sehr viel kleiner, wie es weiter wegkömmt. [J 834 / 856]

Rousseau hat glaube ich gesagt: ein Kind, das bloß seine Eltern kennt, kennt auch die nicht recht. Dieser Gedanke lässt sich [auf] viele andere Kenntnisse, ja auf alle anwenden, die nicht ganz *reiner* Natur sind: Wer nichts als Chemie versteht versteht auch die nicht recht. [J 838 / 860]

Nachdem ich vieles *menschenbeobachterisch* und mit vielem schmeichelhaften Gefühl eigner Superiorität aufgezeichnet, und in noch feinere Worte gesteckt hatte, fand ich oft am Ende, dass grade das das Beste war, was ich ohne alle diese Gefühle so ganz bürgerlich niedergeschrieben hatte. (sehr sehr wahr) [J 888 / 910]

Selbst unsere häufigen Irrtümer haben den Nutzen, dass sie uns am Ende gewöhnen zu glauben, alles könne anders sein, als wir es uns vorstellen. Auch diese Erfahrung kann generalisiert werden, so wie das Ursachen-Suchen, und so muss man endlich zu der Philosophie gelangen, die selbst die Notwendigkeit des principii contradictionis leugnet. [J 919 / 942]

Die beiden Begriffe von Sein und *Nichtsein* sind bloß undurchdringlich in unsern Geistes-Anlagen. Denn eigentlich wissen wir nicht einmal was Sein ist, und so bald wir uns ins Definieren einlassen, so müssen wir zugeben dass etwas existieren kann was nirgends ist. Kant sagt auch so was irgendwo. [J 920 / 943]

Ich möchte zum Zeichen für Aufklärung das bekannte Zeichen des Feuers (△) vorschlagen. Es gibt Licht und Wärme, es [ist] zum Wachstum und Fortschreiten alles dessen was lebt unentbehrlich, allein – unvorsichtig behandelt brennt es auch und zerstört auch. [J 948 / 971]

In den Kehrichthaufen vor der Stadt lesen und suchen was den Städten fehlt, wie der Arzt aus dem Stuhlgang und Urin. [J 967 / 990]

Die Dogmatik, die fruchtbare und gütige Mutter der Polemik. [J 1200 / 1226]

Den Wetterweisen muss der Mut nicht wenig bei der Betrachtung sinken, dass ein Funke eine ganze Stadt in die Asche legen kann, unsere Witterungs-Begebenheiten können ja öfters eben so entstehen, wer will das alles schätzen. [J – / 1732]

Bei vielen Menschen ist das Verse-Machen eine Entwicklungs-Krankheit des menschlichen Geistes. [K 15 / 15]

[Vermutlich aus der Zeit der verlorenen Sudelbuchhandschriften 1793–1796]

Meine Hypochondrie ist eigentlich eine Fertigkeit aus jedem Vorfalle des Lebens, er mag Namen haben wie er will, die größtmögliche Quantität Gift zu eigenem Gebrauch auszusaugen. [VS 1, 1800,25 / K 23]

Wenn ich doch Kanäle in meinem Kopfe ziehen könnte, um den inländischen Handel zwischen meinem Gedanken-Vorrate zu befördern! Aber da liegen sie zu Hunderten, ohne einander zu nützen. [VS 1, 1800,42 / K 30]

Schon vor vielen Jahren habe ich gedacht, dass unsere Welt das Werk eines untergeordneten Wesens sein könne, und noch kann ich von dem Gedanken nicht zurückkommen. Es ist eine Torheit zu glauben, es wäre keine Welt möglich, worin keine Krankheit, kein Schmerz und kein Tod wäre. Denkt man sich ja doch den Himmel so. Von Prüfungszeit, von allmählicher Ausbildung zu reden, heißt sehr menschlich von Gott denken und ist bloßes Geschwätz. Warum sollte es nicht Stufen von Geistern bis zu Gott hinauf geben, und unsere Welt das Werk von einem sein können, der die Sache noch nicht recht verstand, ein Versuch? ich meine unser Sonnensystem, oder unser ganzer Nebelstern, der mit der Milchstraße aufhört. Vielleicht sind die Nebelsterne, die Herschel gesehen hat, nichts als eingelieferte Probestücke, oder solche, an denen noch gearbeitet wird. Wenn ich Krieg, Hunger, Armut und Pestilenz betrachte, so kann ich unmöglich glauben, dass alles das Werk eines höchst weisen Wesens sei; oder es muss einen von ihm unabhängigen Stoff gefunden haben, von welchem es einigermaßen beschränkt wurde; so dass dieses nur respektive die beste Welt wäre, wie auch schon häufig gelehrt worden ist. [VS 2, 1801,78 f. / K 69]

Mit dem Nutritions-Geschäfte der Seele sieht es sehr betrübt aus, da gibt es Öffnungen genug Nahrung ein zu nehmen, aber da fehlt es an Gefäßen das Gute ab zu sondern, an Lungen das und an den Gefäßen, das schlechte wieder durch die und hauptsächlich an primis viis, den unnützen Unrat dem großen Ganzen der Bücherwelt wieder zuzuführen und wieder in den Kreislauf zu bringen. So etwas leisten die Systeme allerdings (NB Ernst). Die Muttermilch für den Leib macht die Natur, für den Geist wollen die Pädagogen sie machen (das obige kann gut ausgeführt werden).

[aus: Noctes; VS 2, 1801,93 / K 75]

Ein Gelübde zu tun ist eine größere Sünde, als es zu brechen. [VS 2, 1801,134 / K 105]

Ehe man tadelt, sollte man immer erst versuchen, ob man nicht entschuldigen kann. [VS 1, 1844,152 / K 106]

Ich möchte was darum geben, genau zu wissen, für wen eigentlich die Taten getan worden sind, von denen man öffentlich sagt, sie wären *für das Vaterland* getan worden. [VS 2, 1801,246 / K 292]

Ich kann freilich nicht sagen, ob es besser werden wird wenn es anders wird; aber so viel kann ich sagen, es muss anders werden, wenn es gut werden soll. [VS 2, 1801,246 / K 293]

Wenn Heiraten Frieden stiften können, so sollte man den Großen die Vielweiberei erlauben. [VS 2, 1801,257 / K 161]

Eine Republik zu bauen aus den Materialien einer niedergerissenen Monarchie, ist freilich ein schweres Problem. Es geht nicht, ohne bis erst jeder Stein anders gehauen ist, und dazu gehört Zeit. [VS 1, 1844,253 / K 167]

Ich glaube, dass einige der größten Geister, die je gelebt haben, nicht halb soviel gelesen hatten, und bei weitem nicht so viel wussten, als manche unserer mittelmäßigen Gelehrten. Und mancher unserer sehr mittelmäßigen Gelehrten hätte ein größerer Mann werden können, wenn er nicht so viel gelesen hätte. [VS 2, 1801,275 / K 168]

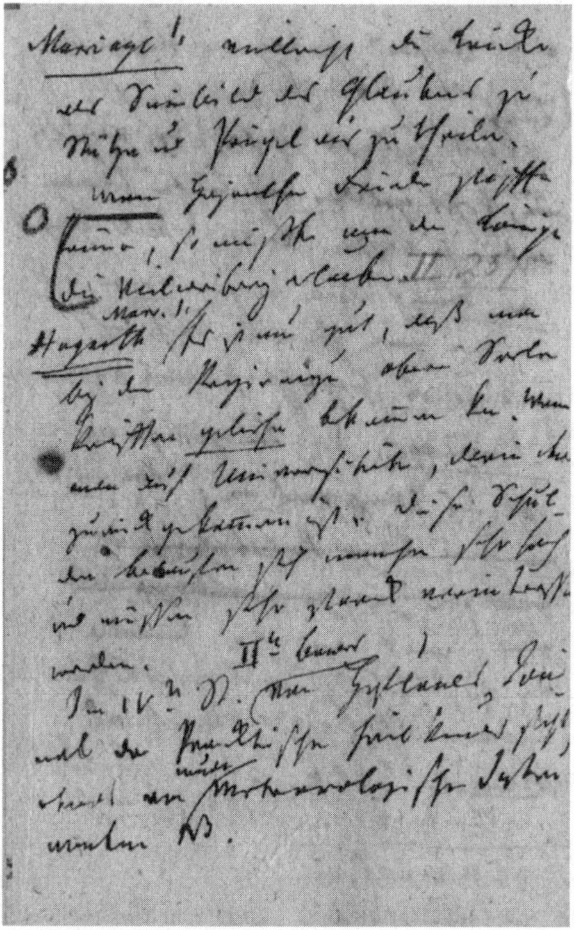

Seite aus dem Notizbuch *Noctes* (Nächte), aus Lichtenbergs letztem Lebensjahrzehnt. Die von seinem Bruder Christian oder seinem jüngeren Sohn Wilhelm mit Rötel angezeichnete Stelle lautet: »Wenn Heyrathen Frieden stifften könne, so müßte man den Königen die Vielweiberey erlauben.«

Eine seltsamere Ware, als *Bücher*, gibt es wohl schwerlich in der Welt. Von Leuten gedruckt, die sie nicht verstehen; von Leuten verkauft, die sie nicht verstehen; gebunden, rezensiert und gelesen von Leuten, die sie nicht verstehen; und nun gar geschrieben von Leuten, die sie nicht verstehen. [VS 2, 1801,277 f. / K 172]

Die Mathematik ist eine gar herrliche Wissenschaft, aber die Mathematiker taugen oft den Henker nicht. Es ist fast mit der Mathematik, wie mit der Theologie. So wie die der letztern Beflissenen, zumal wenn sie in Ämtern stehen, Anspruch auf einen besondern Kredit von Heiligkeit und eine nähere Verwandtschaft mit Gott machen, obgleich sehr viele darunter wahre Taugenichtse sind, so verlangt sehr oft der so genannte Mathematiker für einen tiefen Denker gehalten zu werden, ob es gleich darunter die größten Plunderköpfe gibt, die man nur finden kann, untauglich zu irgend einem Geschäft, das Nachdenken erfordert, wenn es nicht unmittelbar durch jene leichte Verbindung von Zeichen geschehen kann, die mehr das Werk der Routine, als des Denkens sind. [VS 2, 1801,287 f. / K 185]

Die schönen Weiber werden heut zu Tage mit unter die Talente ihrer Männer gerechnet. [VS 2, 1801,367 / H 82]

Während man über geheime Sünden öffentlich schreibt, habe ich mir vorgenommen, über öffentliche Sünden heimlich zu schreiben. [VS 2, 1801,367 / K 214]

Jetzt sucht man überall Weisheit auszubreiten, wer weiß, ob es nicht in ein paar hundert Jahren Universitäten gibt, die alte Unwissenheit wieder herzustellen.

[VS 2, 1844,99 f. / K 236]

Wäre es nicht gut, die Theologie etwa mit dem Jahre 1800 für geschlossen anzunehmen und den Theologen zu verbieten, fernere Entdeckungen zu machen? [VS 2, 1844,101 / K 237]

Ich habe mir die Zeitungen vom vorigen Jahre binden lassen, es ist unbeschreiblich, was für eine Lektüre dieses ist: 50 Teile falsche Hoffnung, 47 Teile falsche Prophezeiung und 3 Teile Wahrheit. Diese Lektüre hat bei mir die Zeitungen von diesem Jahre sehr herabgesetzt, denn ich denke: was diese sind, das waren jene auch.

[VS 2, 1801,443 / K 266]

Seit der Erfindung der Schreibekunst haben die *Bitten* viel von ihrer Kraft verloren, die *Befehle* hingegen gewonnen. Das ist eine böse Bilanz. Geschriebene Bitten sind leichter abgeschlagen, und geschriebene Befehle leichter gegeben, als mündliche. Zu beiden ist ein Herz erforderlich, das oft fehlt, wenn der Mund der Sprecher sein soll.

[VS 2, 1801,449 / K 275]

Es erleichtert die Korrespondenz, wenn man weiß, dass der Korrespondent eine schöne Frau hat.

[VS 2, 1801,458 / G 229]

Wir brauchen in unserer Haushaltung eine Menge von Dingen, davon wir die Einrichtung nicht kennen, die wir aber lernen könnten, wenn wir wollten: Allein in der Welt, die wir bewohnen, sind eine Menge Dinge, die wir nicht einmal verstehen lernen könnten, wenn wir auch wollten. Wären wir die letzte Absicht von allem, so müssten wir es wissen, oder wir wären mit weniger Aufwand bedient worden.

[Dieterich – Ludwig Christian Lichtenberg 1984, 98]

Es ist überhaupt ein Satz, den alle gute Köpfe mit auf die Welt bringen: man muss sich durch keines Menschen Meinung überzeugen lassen, aber durch jedes Menschen Gründe er sei auch wer er wolle. Es ist eine große Naturgabe. Diese Unbiegsamkeit gegen Meinungen ohne Vernunftgründe. Es ist eigentlich das was man Stärke des Verstandes nennen sollte. [Huth 1923, 244]

Der Weisheit erster Schritt ist: Alles anzuklagen,
Der letzte: sich mit Allem zu vertragen. [L 2 / 2]

In einem Lande N. N. müssen bei einem Kriege der Regent so wohl als seine Räte solange der Krieg währt über einer Pulvertonne schlafen und zwar in besondern Zimmern des Schlosses, wo jedermann frei hinsehn kann um zu beurteilen, ob das Nachtlicht auch jedesmal brennt. Die Tonne ist nicht allein mit dem Siegel der Volks-Deputierten versiegelt sondern auch mit Riemen an den Fußboden befestigt die wieder gehörig versiegelt sind. Alle Abend und alle Morgen werden die Siegel untersucht. Man sagt dass seit der Zeit die Kriege in jenen Gegenden ganz aufgehört hätten. [L 58 / 58]

Dass in den Kirchen gepredigt wird macht deswegen die Blitzableiter auf ihnen nicht unnötig. [L 67 / 67]

Ein etwas vorschnippischer Philosoph, ich glaube Hamlet Prinz von Dänemark hat gesagt: es gebe eine Menge Dinge im Himmel und auf der Erde, wovon nichts in unsern Compendiis steht. Hat der einfältige Mensch, der bekanntlich nicht recht bei Trost war, damit auf unsere Compendia der

Physik gestichelt, so kann man ihm getrost antworten: gut, aber dafür stehn aber auch wieder eine Menge von Dingen in unsern Compendiis wovon weder im Himmel noch auf der Erde etwas vorkömmt. [L 153 / 155]

Der *Patriotismus,* Vaterlands-Liebe ist das Kriegs-Genie der Nationen. Nationen, die ohne Patriotismus streiten, sind Mechaniker, zugestutzte, abgerichtete Krieger ohne das eigentliche Genie. Dass auch hier brave Menschen durch Ehrgeiz, lebhaftes Gefühl der Pflicht getrieben etwas tun können, das nicht nach der Gilde riecht, versteht sich von selbst. Das ist aber subordiniertes nicht primäres Genie (besser). Das Genie der Nation ist gar sehr von dem der Individuen verschieden. Dieses einmal zu betrachten. [L 281 / 283]

Experimental-Politik, die französische Revolution. [L 320 / 322]

Selbst die sanftesten, bescheidensten und besten Mädchen sind immer sanfter bescheidener und besser, wenn sie sich vor dem Spiegel schöner gefunden haben. [L 324 / 326]

Er trieb einen kleinen Finsternis-Handel. [L 384 / 386]

Was die wahre Freiheit und den wahren Gebrauch derselben am deutlichsten charakterisiert, ist der Missbrauch derselben. [L 400 / 402]

Man spricht viel von Aufklärung, und wünscht mehr Licht. Mein Gott was hilft aber alles Licht, wenn die Leute entweder keine Augen haben, oder die, die sie haben, vorsätzlich verschließen? [L 469 / 472]

Er schliff immer an sich, und wurde am Ende stumpf, ehe er scharf war. [L 556 / 559]

Es ist in vielen Dingen eine schlimme Sache um die Gewohnheit. Sie macht, dass man Unrecht für Recht, und Irrtum für Wahrheit hält. [L 569 / 572]

Ist denn wohl unser Begriff von Gott etwas weiter, als personifizierte Unbegreiflichkeit? [L 737 / 953]

In der Nacht vom 9ten auf den 10ten Februar 99. träumte mir, ich speiste auf einer Reise in einem Wirtshause, eigentlich auf einer Straße in einer Bude, worin zugleich gewürfelt wurde. Gegen mir über saß ein junger gut angekleideter, etwas windig aussehender Mann, der ohne auf die umher Sitzenden und Stehenden zu achten seine Suppe aß, aber immer den 2ten oder dritten Löffel voll in die Höhe warf, wieder mit dem Löffel fing und dann ruhig verschluckte. Was mir diesen Traum besonders merkwürdig macht, ist, dass ich dabei meine *gewöhnliche* Bemerkung machte, dass solche Dinge nicht könnten erfunden werden, man müsse sie sehen. (Nämlich kein Romanenschreiber würde darauf verfallen) und dennoch hatte ich dieses doch in dem Augenblick erfunden. Bei dem Würfel-Spiel saß eine lange, hagere Frau und strickte. Ich fragte, was man da gewinnen könnte: sie sagte: *Nichts*, und als ich fragte, ob man was verlieren könne, sagte sie: *Nein*! Dieses hielt ich für ein wichtiges Spiel. [L 703 / 707]

III

300 Ratschläge für junge Naturforscher

Meine Fragen über die Physik könnten vielleicht den Titul bekommen: *Vermächtnisse*. Man vermacht ja auch Kleinigkeiten. [L 164 / 166]

Wenn ich meine Fragen über die Physik noch herausgebe, so müssen sie bloß jungen tätigen Physikern zugeeignet werden, Gren, Herrn von Humboldt, Hildebrandt, Scherer ppp. [L 231 / 233]

Motto: die Wahrheit finden wollen ist Verdienst, wenn man auch [auf] dem Wege irrt. [L 239 / 421]

Meine unsterbliche Seele, so gering auch ihre Kräfte sind, soll doch hundert Dinge tun können, die kein Mensch berechnen kann. Wenn ich die Zahlen 1, 2, 3 an die Tafel schreibe so lassen sich alle Schätze der Welt gegen einen Mattier setzen sie sollen nicht raten, was ich jetzt zunächst für eine Zahl schreiben werde. Hätte nicht ein Capricieuses Wesen mit einer Welt ebenso verfahren können, wie ich [fl. 20 r.:] hier mit einem Zahlen System? Aber das ist nicht so in der Natur; man kann sicher annehmen, wenn ein Körper in einer Distanz von 1 eine Wirkung äußert, die ich eins nennen will, und in einer von 2 eine Wirkung von 1/2 in 3 eine von 1/3, so kann ich sicher darauf rechnen in einer Distanz 4 wird es eine Wirkung von 1/4 äußern, da finden keine Capricen statt. Wiederum vom Fall der Körper in einem Zeitpunkt 1 den Raum 1 in 2 den Raum 4 und 3 den Raum 9, so kann man grade umgekehrt alle Schätze der Welt setzen, es wird in

4 den Raum 16 erfolgen. Was ist das? Ist diese Ordnung nicht ein Wink für uns zu glauben, das unsre Welt einen Gott der Ordnung zum Uhrheber habe, dass sie das Werk eines γεωμετρουντος θεου ist, wie ein Alter schon Gott genannt hat, ich glaube Plato. Und da unser Geist auch ein geometrisierender ist, zeigt das nicht eine Ähnlichkeit unserer Geister hieher Beilage [nicht mehr beim Original] ⟨Die Geometrischen Sätze sind absolute Wahrheiten, und nach diese[n] hat das Wesen, das der Urheber unserer Welt ist sich gerichtet.⟩

⟨Ein Mensch also der uns lehren will, die Welt sei von ohngefehr entstanden, und solche unglücklichen Geschöpfe hat es gegeben und giebt es noch, verdient wahrhaftig nicht ein Mensch zu sein. Unverstand ist ein zu gelindes Wort, man sollte sagen Raserei.

Eine Welt wie diese sei durch ein Ohngefehr entstanden, kann man zwar sagen, aber nicht denken und nicht glauben, es ist keine Gedanken Verbindung sondern ein bloß eine symbolische Zusammenstellung.⟩ Ein vernünftiger Mann kann auch sagen 2 mal 2 ist 5, aussprechen sollte man sagen, aber nie kann er es denken.

Ich habe daher schon oft gewünscht, dass es eine Sprache geben möchte worin man eine Falschheit gar nicht sagen könnte, oder wo wenigstens jeder Schnitzer gegen die Wahrheit auch ein Grammatikalischer wäre.

⟨Allein freilich wäre das traurig für viele Assembleen und Gesellschaften und für unsere aufrichtigen Versicherungen und Komplimente. Ich glaube, da wo jetzt oft am meisten geplaudert wird möchte es sehr stille werden, oder von grammatikalischen Schnitzern wimmeln.⟩

Also noch einmal wo der Physiker solche Gesetze entdeckt, dass nun der Mathematiker darauf fußen kann, da ist gewonnen Spiel, davon zeigen Hauptsächlich die höhere

Mechanik, die Optik, die Theorie der Music, die Astronomie, die physische Geographie in vielen Teilen.

[Aus den Prolegomena zur Hauptvorlesung, ältere Version]

Aphorismen über die Physik zu schreiben jeden Tag etwas, das beste kurz zusammen, und allenfalls mit dem treffendsten Beispiel, das sich nur finden lässt. [J – / 1647]

[Aus der frühesten Zeit]

Wo muss ich hierbei hin sehen um etwas zu finden, was noch kein Mensch gefunden hat? [KA 252]

Was wird nicht endlich noch hiervon für ein Gebrauch gemacht werden, da der Magnet selbst anfänglich nur den Taschenspielern diente? [KA 253]

Ist in jeder Periode alles bestimmt gesagt nichts etwa wie Schwere des Arguments oder gleiche Hälften oder mit Kartätschen verschanzt. [KA 258]

Kann man zu dieser Einrichtung nicht noch etwas hinzu tun? [KA 259]

Alles gelernt, nicht um es zu zeigen, sondern um es zu nutzen. [KA 262]

Wo Fleisch und Blut und das eigentliche Selbst antworten und tun will, da muss Philosophie und der Nexus der Umstände antworten. [KA 263]

Titelblatt des Notizheftes *Keras Amaltheias*

Wie würde dieses geworden sein, wenn ich es selbst aus hätte finden sollen nach der Verfassung meines Systems?

[KA 264]

Dieses ist mit jenem einerlei. Witz. Dieses ist von jenem himmelweit verschieden. Verstand. [KA 265]

Welches ist das Verborgenste hierbei? [KA 267]

Kann man hierzu nicht etwas andres noch gebrauchen als dieses? [KA 270]

Ich glaube grad das Gegenteil. [KA 271]

Auf sehr entfernte Dinge auf einmal zu kommen und dann im folgenden zu zeigen, dass doch ein Zusammenhang dazwischen war. Dieses ist einer von Yoricks Griffen. [KA 272]

Geht es nicht noch auf eine andre Art an. [KA 273]

Das Besondere statt des Allgemeinen. proprie communia dicere Gänsediebstahl statt Dieberei (dieses ist das Element des Ausdrucks[)]. [KA 275]

Erst die natürlichen Betrachtungen gemacht ehe die subtilen kommen, und immer vor allen Dingen erst versucht ob etwas ganz simpel und natürlich erklärt werden könne. [KA 276]

Andere Meinungen davon, die den allgemein angenommenen schnurstracks entgegen laufen. [KA 280]

Was ist die Absicht? Ist aber dieses auch eine nützliche und der Mühe wert? [KA 281]

Alles soll äußerst allgemein betrachtet werden, überhaupt und denn zu den besondern Bestimmungen dieses Dinges zurückgekehrt. [KA 284]

So sonderbar ausgedruckt als nur immer sein kann. [KA 285]

Was ist das Gemeine hierbei das jedermann in die Augen fällt und welches das Ungemeine, das Tausende nicht sehen, aber gewiss bemerken würden wenn sie wüssten, dass man auf die Dinge, die nicht gleich in die Augen fallen auch zu sehen hätte. [KA 289]

Rousseau gibt eine Regel, immer beim Anfang von der Untersuchung eines gewissen Gebrauchs in der Welt zu denken es sei gewiss der falsche, so kann man sich bei jeder Erfindung auch fragen was für Verbesserungen ließen sich dabei anbringen. Man wird finden dass die meisten Sachen in der Welt eine Verbesserung leiden. [KA 290]

Man soll öfters dasjenige untersuchen was von den Menschen meist vergessen wird, wo sie nicht hinsehen, und was so sehr als bekannt angenommen wird, dass es keiner Untersuchung mehr wert geachtet wird. [KA 291]

Vielleicht ist dieses nur durch eine beständige Gewohnheit von Kindheit an in mir so entstanden. Was für Ansichten würden wir bekommen, wenn wir unser Kapital von Wahrheiten einmal von demjenigen entblößen könnten, was ihnen nicht so wohl wesentlich ist als vielmehr aus der öfteren Wiederholung zuwächst. [KA 294]

Die gemeinsten Meinungen und was jedermann oft für ausgemacht hält verdienen oft am meisten untersucht zu werden, aber von Zweifeln dagegen muss man allzeit bedenken was Franklin sagt Experim.[ents] and observ.[ations] on Electr.[icity] Lond.[on] 1769 4to p. 469: If we propose our objections modestly we shall tho' mistaken, deserve a censure less severe, than when we are both mistaken and insolent. [KA 295]

Man frage sich selbst, ob man sich die kleinsten Sachen erklären kann, dieses ist das einzige Mittel sich ein rechtes System zu formieren, seine Kräfte zu erforschen, und seine Lektüre sich nützlich zu machen. [KA 296]

Alles wirkt beinah in medio resistente ist so mit andern vermischt wie das Silber auf dem Harz mit Blei, Schwefel und lapide vitrascibili, dieses zu scheiden. [KA 298]

Zu untersuchen was bei einer Sache das Veränderliche ist und das Ewige, und wenigstens angezeigt, wo man aufhören muss dezisiv zu sein. [KA 300]

Ist es wirklich das oder sind nicht viele andere Dinge damit vermischt, die uns scheinbar verschwinden. [KA 301]

Dieses ist vermutlich nicht so,? vielleicht ein kleiner Blick einer ganz neuen Welt von Erscheinungen, so wie das Anziehen des Bernsteins ehmals einer der Elektrizität war. [KA 302]

Wie wird es erscheinen, wenn man es immer wachsen lässt, wie Newton vom fallenden Apfel zur allgemeinen Schwere kann, oder wie man vom Reiben der Hand die Entzündung hätte erraten können, welche erfolgt, wenn man Holz auf einander reibt. *Was* erfolgt wenn man es eben so abnehmen lässt? [KA 303]

Wie kann dieses verbessert werden? Leidet es eine Verbesserung. [KA 304]

Die Grenzen der Fehler dabei zu bestimmen so viel wissen wir gewiss, so viel ist zweifelhaft, da fängt sich das gewiss Falsche an. [KA 305]

Was kann hierbei auf Maß Zahl und Figur gebracht werden. [KA 306]

Die Kunst alle Dinge recht tief unten anzufangen, und eine Frage in tausend untergeordnete zu zerfällen. [...]
Lässt sich dieses auf etwas anders referieren, so wie die Überwucht auf eine geringere Schwere?
Lässt sich dieses in andere Dinge zerfällen?
Eine Maschine?
Was halten höhere und niedre Wesen hiervon.
Was sind die Grade hiervon und was bestimmt dieselbe?
Zu was Ende?
Was ist es eigentlich?
Sein Ursprung in der menschlichen Natur?
Taugt es zu einem Gedanken in der Dichtkunst?
Sind nicht ganz neue Wissenschaften hierin verborgen?
Ist es auch wirklich das wofür man es hält.
Schadet es nicht?
Nutzt es nicht zu andern Dingen?
Lässt sich dieses auf etwas Größeres anwenden?
Was können hierbei vor Versuche angestellt werden?
Was lässt sich hierbei messen?

Was kann es zur Charakteristik beitragen?
Gibt es nicht andere ähnliche Dinge in der Natur?
Kann man hiervon einen neuen Grund angeben?
Gehört es nicht mit unter ein bekanntes Genus von Dingen?
Was leidet es für Abweichungen, wenn man gewisse Umstände ändert?
Was ist das Unmerkliche hierbei?

[KA 307–330]

Was geht in mir dabei vor?
Mathematisch betrachtet
Physisch ______________
Physiologisch _________
Metaphys[isch] ________
Politisch _______________
Moralisch ______________

[KA 331]

Was übersehe ich wohl hierin, wegen meinem eingeschränkten Verstand. [KA 332]

Was für Mühe hat es nicht die ersten Menschen oder das Kind gekostet bis es zu dieser Erkenntnis gelangt ist?

[KA 333]

Der Verfasser des Matho kommt auf viele von seinen artigen Gedanken, dass er wie in algebraischen Formuln bei seinen Sätzen gewisse Dinge veränderlich setzt. [KA 334]

Lässt sich hier etwas umkehren als wie die Apostrophe.

[KA 335]

Situationen [KA 336]

End-Ursachen. [KA 337]

Zu was kann dieses der Anfang sein? oder umgekehrt was war der erste Schritt hierzu? [KA 338]

Wenn dieses gar nun nicht da wäre, was würde alsdann werden? [KA 340]

Was wird dazu erfordert, wenn dieses Ding das Vollkommenste nach meinem Begriff sein soll? [KA 341]

Mein Gott wenn das so fort geht. [KA 342]

Allzeit: Wie kann dieses besser gemacht werden?
[D 52 / 53]

[Aus der Zeit der verschollenen Sudelbücher G und H]

Wir mögen uns eine Art uns die Dinge außer uns vorzustellen gedenken, welche wir wollen, so wird und muss sie immer *et*was von dem Subjekt an sich tragen. Es ist, dünkt mich, eine sehr unphilosophische Idee, unsere Seele bloß als ein leidendes Ding anzusehen; nein, sie leihet auch den Gegenständen. Auf diese Weise möchte es kein Wesen in der Welt geben, das die Welt so erkennte, wie sie ist. Ich möchte dieses die Affinitäten der Geister- und der Körperwelt nennen, und ich kann mir gar wohl vorstellen, dass es Wesen geben könnte, für die die Ordnung des Weltgebäudes eine Musik ist, wornach sie tanzen können, während der Himmel aufspielt.

[VS 2, 1802,57 f. / H 147]

Man muss nicht zu viel in Büchern *blättern* über Wissenschaften, die man noch zu erlernen hat. Es schlägt oft nieder. Immer nur das Gegenwärtige weggearbeitet!

[VS 2, 1801,396 f. / H 173]

Zu denken, wie man allem eine bessere Einrichtung geben kann, Zeitungen, Schuhen, Schrittzählern u. s. w., ist gewiss eine herrliche Regel und leitet immer auf etwas. Ein Philosoph muss sich um alles bekümmern; und über alles, auch die gemeinsten Dinge, zu schreiben, befestigt das System mehr als irgend etwas. Man erhält dadurch Ideen und kommt auf neue Vorstellungen. Die Gelehrtesten sind nicht immer die Leute, die die neuesten Ideen haben.

[VS 2, 1801,406 / H 174]

Zu einer allgemein brauchbaren Grundlage zu Vorlesungen sind die meisten Handbücher der Physik zu weitläuftig; es fehlt ihnen an der aphoristischen Kürze und der Präzision des Ausdrucks, der zu einem solchen gehört. Ein zu einer Grundlage brauchbares Lehrbuch muss nur den Kern seiner Wissenschaft oder Kunst in der gedrängtesten Kürze enthalten, dass der Lehrer in jeder Zeile leichte Veranlassung findet das Angegebene zu erklären. [PhM 4,133 f. / H 175]

Jeder Paragraph in der neuen Physik sollte so behandelt werden, dass man sähe, dass man ihn nicht abgeschrieben, sondern selbst dabei gedacht hat. [PhM 4,136 / H 177]

Es muss in der Physik fast Alles neu untersucht werden, selbst die bekanntesten Dinge, weil man gerade da am wenigsten etwas Neues oder Unrichtiges vermutet. Z.B. Entsteht das Licht nicht erst auf unserer Erde? Ist alle Wärme von einerlei Natur? Ist es so ganz einerlei eine Flasche mit einer *Schwefel-* oder mit einer *Glas*kugel negativ zu laden, und umgekehrt? [PhM 4,139 / H 178]

Nur ja keine Materie für erschöpft anzusehen; es gibt überall noch etwas. [PhM 4,140 / H 179]

Nur keine Indolenz, wo Vernunft herrscht! Montgolfiers Erfindung war in meiner Hand. [PhM 4,140 / H 180]

Eigentlich glaube ich, alle Schwierigkeiten, die wir bei den Erklärungen der Erscheinungen der Körperwelt finden, finden sich erst, nachdem wir anfangen über die Ammen-Instruktion hinaus zu gehen und deutlicher zu sehen. Hätten wir gleich von Kindheit an deutlich gesehen, so würden uns die gemeinsten Eigenschaften der Körper eben so unerklärlich scheinen, als die mehr zusammengesetzten, für die wir aufhören Kinder zu sein, weil wir sie nicht eher zu schätzen wissen, als bis wir uns mit dem ganz Unbegreiflichen, Trägheit, Undurchdringlichkeit erst bekannt gemacht haben. Von Kindheit an alles deutlich zu sehen ist aber nicht möglich; wir müssen erst etwas bloß glauben und empfinden, dieses verwächst mit uns, und diese Meinung ist ein Teil unsers Körpers geworden, ehe wir einmal wissen, was wir selbst sind. Der Himmel hat also auch hier eine Menge von Dingen nicht unsrer Willkür überlassen, so wenig als das Pochen des Herzens; aber uns doch am Ende auch wieder die Kraft gegeben, aus dem mit Bewusstsein Erlernten rückwärts zu gehen, und hernach zu korrigieren, was unkorrigiert hätte bleiben können, wenn wir in dem Stande der Wildheit geblieben wären. [VS 2, 1844,146 f. / H 181]

Es wäre wohl sehr der Mühe wert, einmal *recht* zu untersuchen, warum wir von dem Ursprung der Bewegung *nichts* wissen. Ja es könnte dieses ein rechtes Kriterium werden, wo man anfangen oder aufhören soll. Ich glaube nicht, dass man auf diesen sonderbaren Umstand immer stark genug geachtet hat. Es ist hier eine bestimmtere Grenze als irgendwo, weil es nicht sowohl Mangel an Erfahrung, als vielmehr *absolute Scheidewand* zu sein scheint, wenigstens ein Wink, wo sie zu suchen sei. [PhM 4,161 / H 183]

Ich muss ja meinen alten Gedanken durchsetzen, dass es ein Feuer gibt, das fast gänzlich frei durch die Körper hinströmt, mit großer Schnelligkeit, ohne anders zu wärmen, als wo es aufgehalten wird; und dass dieses Aufhalten durch die Erschütterung befördert wird, die das Reiben bewirkt. Es fliegt nämlich eine Wärme frei umher, mit der Geschwindigkeit des Lichts; diese wird beim Reiben angehalten und wird sensibel. Eben dieses könnte bei der Elektrizität Statt finden. Überhaupt verdiente das Anhalten des Flüchtigen vielleicht eine eigene Betrachtung.
[PhM 4,247 / H 189]

Es ließe sich vielleicht ein Fluidum denken, worin alle Wärme auf die Flüssigkeit ginge und nicht auf Erhöhung der Temperatur, und das wäre das Licht oder die elektrische Materie. [PhM 4,254 / H 190]

Ein physikalischer Almanach oder Taschenbuch für Physiker könnte noch ein nützliches Buch werden. Der Kalender enthielte bloß den Gregorianischen und allenfalls noch den

Julianischen, aber alles kurz. Keine Namen der Heiligen – denn was sollen die Heiligen in der Physik? – sondern bloß die Zeichen ☉ ☽ ♂ [Sonntag, Montag, Dienstag] mit den Hauptfesten und den Namen der Sonntage, ganz kurz und mit verständlichen Abbreviaturen. Hinter den Monatstagen könnten leicht 7 Kolumnen verzeichnet werden für 3 Barometer- und 3 Thermometer-Beobachtungen täglich, und die siebente für den Wind, der am längsten gedauert hat. Auf dem Blatte gegenüber könnte man die Witterung und andere physikalische Vorfälle einzeichnen, auch herrschende Krankheiten. Vielleicht fände sich auch da noch eine Kolumne für die Zeitgleichung. Nähme man zu jedem Monate 4 Seiten (denn 3 Seiten zu nehmen wäre nicht gut, weil dann gleiche Dinge nicht in allen Monaten auf ähnlich liegende Seiten fallen), so könnten noch eine Menge von Dingen angebracht werden: Mondwechsel, Tagesanbruch und dergleichen. Anstatt der großen Herren, die so wenig hierher gehören, als die Heiligen, würde nach alphabetischer Ordnung der Länder Geburt, Verdienst, Sterbejahr usw. von großen verstorbenen Physikern in sehr bündiger Kürze angegeben, die Astronomen mit eingerechnet. Am Ende gäbe man das genaueste Verzeichnis der Fuße, Thermometer-Skalen usw. Die ausgearbeiteten Artikel wären nun die Hauptsache. Erst alle die vorzüglichsten Erfindungen in der Physik. Hierbei könnten Kupferstiche kommen. Preise der nötigsten Instrumente in Deutschland, England und Frankreich. Beschreibung eines physikalischen Apparats. – Leben von großen Physikern, zumal den neuern. [PhM 4,346–48 / H 202]

Es gibt Leute, die können alles glauben, was sie wollen; das sind glückliche Geschöpfe! [VS 2, 1801,145 / G 79]

Was ist Dauer? nach meinem System? [GH 15]

Relationen und Ähnlichkeiten zwischen Dingen zu finden, die sonst niemand sieht. Auf diese Weise kann Witz zu Erfindungen leiten. [GH 86]

alles auf große Ideen hinaus geführt, alles ins Große. [GH 93]

Übe, übe deine Kräfte, was dich jetzt Mühe kostet wird endlich maschinenmäßig werden. [J 322 / 339]

Die Versuche z.B. des Lesage die Schwere, Attraktion und Affinitäten mechanisch zu erklären gehört ebenfalls hieher (Siehe den vorhergehenden §). Es ist immer so viel wert als eine Maschine erfunden zu haben, dieses auszurichten. Wenn jemand eine Uhr machen könnte, die die Bewegung der Himmelskörper so genau als in der Natur darstellte, würde der nicht ein großes Verdienst haben obgleich die Welt nicht durch Räderwerk geht? Er würde selbst durch diese Maschine manches entdecken, was er nicht hin[ein] getragen zu haben glauben würde. Und was ist der Calcul anders als etwas dieser Maschinerie Ähnliches? Es wird eine Rechenmaschine NB. [J 376 / 393]

Es ist zuweilen vorteilhaft das Gleichnis voraus zu machen, ein unerlaubter Schönschreiber-Kunstgriff der aber doch gebraucht wird. Zur Probe. [J 606 / 626]

Alle Tage eine Schilderung von etwas zu machen, einer Landschaft, eines Charakters, einer menschlichen Figur, eines Zimmers, einer Stadt, einer Haushaltung pp. [J 1034 / 1057]

Ordnung führet zu allen Tugenden! aber was führet zur Ordnung? [J 1204 / 1230]

Bacon's Organon soll eigentlich ein heuristisches Hebzeug sein. [J 1216 / 1242]

Da Jedermann gleich das Gewöhnliche bei einer Sache einfällt, gleich vorsätzlich auf das Ungemeine und Ungewöhnliche zu gehen. Sexus plantarum, Sexus astrorum, acidorum et alcalinorum pp. [J 1228 / 1254]

Etwas recht Paradoxes hierüber, woran noch gar kein Mensch leicht gedacht haben kann. [J 1229 / 1261]

Der Sache einen andern Namen zu geben, der ihr aber zukömmt in anderer Rücksicht und daraus dann Folgerungen zu ziehen. So hätte Herr Voigt zu Gotha seinen Fehler nicht begangen, wenn er das Punctum *congelationis* und *regelationis* genannt hätte. Hier ist oft schon eine figürliche Benennung hinreichend [J 1230 / 1266]

Dinge zu bezweifeln, die ganz ohne weitere Untersuchung jetzt geglaubt werden, das ist die Hauptsache überall. [J 1231 / 1276]

Allgemeine Gedanken über gewisse Kapitel der Physik nachdem alles in Betracht gezogen ist, Idées sur la Meteorologie. [J – / 1278]

Zu bedenken ob hierbei etwas von Kapazität statt finden könne. [J – / 1317]

Warum glaube ich dieses? Ist es auch wirklich so ausgemacht [J 1234 / 1326]

Was für Vorteile könnte ich hieraus ziehen? Für mich und für andere? Selbst ökonomischen Vorteil nicht ausgeschlossen? [J 1235 / 1327]

Es verdiente einmal recht ernstlich für eigene Haushaltung untersucht zu werden: warum die meisten Erfindungen durch Zufall müssen gemacht werden. Die Hauptursache ist wohl die, dass die Menschen alles so ansehen lernen wie ihre Lehrer und ihr Umgang es ansieht. Deswegen müsste es sehr nützlich sein einmal eine Anweisung zu geben wie man nach gewissen Gesetzen von der Regel abweichen könne. [J 1236 / 1329]

Verlasse hier einmal die Landstraße, und glaube ja nicht dass diese Sache nur für andere Leute auszumachen gehöre, denke immer du bist ein Mitglied des Rates. [J 1237 / 1331]

Zuweilen über die gemeinsten Sachen seine Meinung zu schreiben mit allen Eigenheiten an Vorschlägen zu Verbesserungen. Z.[um] E.[xempel] über die Zettul an den Arzneigläsern. [J 1239 / 1336]

Wenn ich nun auf einen neuen Gedanken, auf eine Theorie gekommen bin, allemal zu fragen: Ist denn das auch wirklich so neu als du glaubst. Dieses ist auch überhaupt die beste Erinnerung nichts in der Welt anzustaunen. ⟨Nil admirari⟩ [J 1240 / 1341]

Ja über alles seine Meinung [sagen] mit so vielen Zusätzen von Neuem als möglich; ohne dieses wird aus allem nichts nur hüte dich vor dem Drucken-Lassen. Nicht bloß stilles Nachdenken sondern auch Aufschreiben erleichtert den Ausdruck sehr, sondern verschafft auch die Gabe selbst dem Auswendiggelernten eine Farbe des eignen Denkens zu geben [J 1243 / 1352]

Ob die Musik die Pflanzen wachsen mache, oder ob es unter den Pflanzen welche gebe, die musikalisch sind?
[J – / 1358]

Die Spanier haben ein Sprüchwort das heißt: wer Pabst werden will muss an nichts anders gedenken. Das tat Sixtus der 5te. [J 1245 / 1359]

Es lässt sich gewiss nach jedem was gut gesagt ist etwas Ähnliches formen, wenn es auch öfters bloß Transszendentmachung wäre. Es kann ein Paradigma abgeben.
[J 1246 / 1361]

Ein paradigma aufzusuchen wornach man dieses deklinieren kann. [J 1247 / 1362]

An jeder Sache etwas zu sehen suchen was noch niemand gesehen und woran noch niemand gedacht hat. [J 1248 / 1363]

Zuweilen Beschreibungen in poetischer Prose zu machen oder sonst Schilderungen von einzelnen Gegenständen; sie können alle gebraucht werden. [J 1249 / 1364]

So viel als möglich der gemeinen Meinung entgegen: So behauptete Meister und, wie mich dünkt, mit Recht, dass je länger die Welt stünde desto mehr Erfindungen würden gemacht werden. [J 1250 / 1365]

Einmal die ganze Chemie mit dem vorhergehenden Satz vor Augen durchzugehen. [J – / 1371]

Etwas Jahre lang fortzusetzen z. B. Jahre lang zu kochen, einzusperren in Glas, unter Quecksilber. [J – / 1372]

Kann hierbei wohl ein monströser Gedanke angebracht werden, so wie die im vorhergehenden §. sind. [J – / 1381]

Man hat bekanntlich eine sphärische, eine theoretische und eine physische Astronomie, diese sphärische, theor. und physische Unterschiede auch in andern Dingen aufzusuchen. – Man wird es gewiss finden wenn man nur sucht. [J 1251 / 1386]

Ja an das zu denken was Deiman mit Recht sagte die Deutschen täten jetzt nichts für Experimental-Physik. [J – / 1393]

Die Frage: *Ist dieses auch wahr?* ja bei allem zu tun, und dann die Gründe aufzusuchen warum man Ursache habe zu glauben, dass es nicht wahr sei. [J 1252 / 1389]

Ja alles was künftig gebraucht werden kann, zumal für die Physik, gleich einzeln auszuarbeiten, bald hinten im compendio bald vornen, so wie Seekatz malte ohne dieses Verfahren ist nie ein großes Werk geschrieben worden. [J 1253 / 1407]

Alles neu so wie meine Tafel für die Elektrizität. – Ließe sich eine Tafel hiervon machen, oder lassen sich schickliche Zeichen gebrauchen? [J – / 1411]

Ja, bei allen Ausarbeitungen des Maler Seekatz Manier zu folgen: nämlich nachdem der Plan entworfen ist bald hier bald dort zu arbeiten, einzelne Betrachtungen zu vollenden, ja selbst *Ausdrücke* für diesen oder jenen Ort zu sammeln, je nachdem man aufgelegt ist. Dieses unterhält den Mut, den nichts so sehr niederschlägt, als der Mangel an Abwechselung und ein methodisches Fortschreiten in der Ausarbeitung von unten auf. Man kann wohl mit Zuversicht behaupten, dass in keinem guten Gedicht in der Welt der erste Vers zuerst gemacht worden ist.

[J 1254 / 1422]

In allen Stücken zu sammeln nicht bloß Wahrheiten, sondern auch Wendungen und Ausdrücke für gewisse Gelegenheiten, wenn man sie öfters durchliest, so vermehrt sich der Vorrat durch ähnliche. [J 1255 / 1427]

Sich eine Marsch-route der Arbeit für den Tag nach den Stunden zu entwerfen. [J 1256 / 1428]

Es muss ja in allem ein gewisser Geist sein, ein Blick, der gleichsam als eine Seele das Ganze leitet. [J 1257 / 1430]

Eine neue und große Idee hierüber schon der Gedanke und die Hoffnung spannt den Geist immer etwas besser zu sehen. [J 1258 / 1435]

Nichts setzt dem Fortgang der Wissenschaft mehr Hindernis entgegen als wenn man zu wissen glaubt, was man noch nicht weiß. In diesen Fehler fallen gewöhnlich die schwärmerischen Erfinder von Hypothesen. [J 1259 / 1438]

Zu der Zeit, da man sich mit einer Sache beschäftigt, da sie einem völlig geläufig und gegenwärtig nach allen ihren Teilen ist, muss man suchen sie allem anzupassen auch oft den entferntesten Gegenständen, durch Gleichnisse, Analogien erläutern und andere Sachen mit ihr. [J 1260 / 1446]

Was ist hierüber ausgemacht, was muss noch erst ausgemacht werden. Was ist schwerlich auszumachen, und dennoch nützlich. [J 1261 / 1458]

Ist noch in diesem Fache ein Herschel möglich?
[J 1262 / 1459]

Nicht bloß das Alte schön zu erklären und schön zu machen suchen zum Exempel der Engländer, Delucs und Lesage's Erfindungen, sondern auch selbst neu[e] Blicke zu wagen. NB. Kant. [J 1263 / 1463]

Immer Endursachen aufzusuchen nicht ihrer selbst wegen sowohl als zu Aufdeckung des Zusammenhangs und als ein bloß heuristisches Mittel. [J 1269 / 1518]

Über alles große Ideen, über das allgemeine Sich-Suchen in der Körper-Welt und wie das Feuer wirkt dass sich alles auch finden kann. [J – / 1524]

Plane zu entwerfen auch über Dinge die man nicht abzuhandeln gedenkt sondern nur sich selbst zu prüfen.
[J 1270 / 1528]

Wie kann daraus eine der CCC Fragen an Physiker und Mathematiker formiert werden? [J – / 1531]

Das Wort Schwierigkeit muss gar nicht für einen Menschen von Geist als existent gedacht werden. Weg damit!

[J 1273 / 1534]

In der Gabe alle Vorfälle des Lebens zu seinem und seiner Wissenschaft Vorteil zu nützen darin besteht ein großer Teil des Genies. Franklin mit den Fliegen im Madeira.

[J 1276 / 1547]

In allen Dingen gute und frappante Beispiele ist eine Hauptsache beim guten Vortrag. Z.[um] E.[xempel] die Lehre[n] von Versetzungen rühren wenig; so bald ich aber sage dass 10 Person[en] an einem Tisch können 3628800mal versetzt werden, das macht aufmerksam, so ist es in allen Dingen. Auch wäre vielleicht hier noch besser zu fragen: Wieviel Rangordnungen finden zwischen 10 Personen statt? [J – / 1553]

Was müssten eigentlich diese Instrumente noch leisten? was müsste eigentlich hierbei noch getan werden.

[J – / 1557]

So bald man etwas bemerkt was in die generelle Physik einschlägt, sogleich damit das ganze Feld der Physik durchzulaufen, um zu sehen ob sich nichts daraus erklären lasse. Vielleicht wäre es gut einen bequemen Plan, eine Tabelle zu entwerfen wornach man die Physik durchlaufen könnte.

[J – / 1564]

Mit einem gewissen Wort als z.B. Schrittzähler die ganze Physique zu durchlaufen und Ähnlichkeiten aufzusuchen und so mit andern Worten. Mittelpunkt. [J – / 1566]

Es ist ein gutes Erfindungsmittel sich aus einem Systeme gewisse Glieder wegzudenken, und aufzusuchen, wie sich das übrige verhalten würde: zum Ex.[empel] man denke sich das Eisen aus der Welt weg, wo würden wir sein: dieses ist ein altes Exempel. [J 1281 / 1571]

Ließe sich darüber noch so etwas schreiben wie Lamberts Cosmologische Briefe. Auch dieses Werk selbst verdiente nach den Herschelschen Entdeckungen eine neue Bearbeitung [J 1284 / 1598]

Ist dieses nicht ein Gleis (ornière), aus welchem wir erst heraus müssen? [J 1286 / 1603]

Sich allen Abend ernstlich zu befragen was man an dem Tage Neues gelernt hat. [J 1287 / 1619]

Der Witz ist der *Finder* (Finder) und der Verstand der Beobachter. [J 1288 / 1620]

Einen Finder zu erfinden für alle Dinge [J 1289 / 1621]

Ein Tubus Heuristicus. [J 1290 / 1622]

Der Campus eines Tubi vertritt Finders Stelle. Die großen Genies, die Erfinder, haben bei allem was sie sehen einen großen Campum der ihnen den Zusammenhang mit andern und oft den entlegensten Dingen zeigt. [J 1291 / 1623]

Briefe an Jedermann. [J 1292 / 1632]

Ja Wort zu halten und bei allem zu fragen: wie könnte dieses besser eingerichtet werden? [J 1293 / 1634]

Eine Wirkung zur Vergleichung durch eine andere auszudrücken, wie auf dieser Seite im vorhergehenden Artikel die Feuersgefahr durch Donnerwetter. [J – / 1638]

Ist das wirklich die einzige Art dieses zu erklären?
[J 1295 / 1639]

Gleich an die Grenzen der Wissenschaft zu gehen. Es lässt sich bald lernen wo es noch fehlt. [J 1296 / 1643]

Was den Fortgang der Meteorologie hauptsächlich hindert, ist, dass die Erscheinungen nur durch ihre Größe bemerklich werden, und also in unsern Laboratoriis nicht gut nachgemacht werden können, oder uns im kleinen entgehen; hieraus erhellt die oft gegebene Regel: *Alles zu vergrößern und zu sehen was entstehen könnte wenn man Eigenschaften wachsen lässt, und die größten Dinge abnehmen zu lassen in eben der Absicht. Dieses ist eine fruchtbare Mutter neuer Gedanken.* Wenigstens gehören die größten Entdeckungen dahin, sie sind aber schwerlich durch dieses Mittel gemacht worden. [J 1297 / 1644]

Wenn ich irgend in etwas eine Stärke besitze so ist es gewiss im Ausfinden von Ähnlichkeiten und dadurch im Deutlich-Machen dessen was ich vollkommen verstehe, hierauf muss ich also vorzüglich denken. [J 1298 / 1646]

Gleich den höchsten, den größtmöglichen Versuch: Den optischen Nerven an der ☉ [Sonne] probiert. [J – / 1649]

[...] *Fragen:* Sind wohl die ungeheuren und kostbaren Anstalten, die man jetzt an verschiedenen Orten für die Astronomie macht, vernünftig? Ist nicht schon durch die

Anstalten der Engländer der Franzosen einiger Italienischen Staaten usw. hinlänglich für diese Wissenschaft gesorgt? Wenigstens müsste man andere Wege versuchen. Herschel versuchte den Weg der Vergrößerung und erlangte dadurch die Unsterblichkeit. Müsste man nicht Observatoria in großen Höhen auf dem Montblanc und Montrose errichten oder an andern Seiten der Erde, ob da die Schwere vielleicht anders würkt, oder sich sonst etwas Neues zeigte. – Ist es wenigstens weislich gehandelt diese Anstalten zu machen, da noch andre Wissenschaften im Staube liegen?

[J 1299 / 1657]

Jemand soll beantworten: was ist wohl die schlechteste, und welches ist die schönste Tat, die du in deinem Leben nach deinem Urteil begangen hast? Eine geheime Cabinets-Frage. [J 1301 / 1661]

Alles im Großen zu suchen was man im Kleinen beobachtet, und umgekehrt. Z. B. alles was das Kind spricht und tut, tut gewiss auch der Mann in andern Dingen, worin er ein Kind ist und bleibt, denn wir sind doch nur Kinder von mehreren Jahren. Die Worte dieser Lehre sind sehr gemein, ein Mann von Erfahrung wird ihnen aber gewiss den Sinn zu geben wissen, den ihnen pm beigelegt wissen will. Wir schlagen zwar den Tisch nicht mehr, an dem wir uns stoßen, wir haben uns aber für andere aber ähnliche Stöße das Wort Schicksal erfunden, das wir anzuklagen wissen.

[J 1302 / 1666]

Bei einem aufgesuchten Motto auszufinden, wo es am besten angebracht werden könnte. Zum bon mot die Gelegenheit zu finden. Es ist Boileau's zweiter Vers zuerst.

[J 1305 / 1671]

Da mir jeder eigene neue Gedanke soviel Mut macht, so habe ich ja darauf zu sehen, alles soviel als möglich zu beleuchten, um dabei auf etwas Eignes zu stoßen, welches mir selten misslingt wenn ich mich nur anstrenge. [J 1307 / 1708]

Es ist ein sehr wesentlicher Umstand, (wenn es nur verstanden wird) sich alles, was man weiß, so eigen zu machen, dass es ganz zu eines seinem Wesen zu gehören scheint. Das historische Wissen ist grade das Gegenteil davon, das taugt beim Denken nichts und fällt einem nicht bei, wenn mans braucht, ob es gleich gut ist vieles historisch zu wissen. Also alles recht an ein Ganzes angeschlossen sei es auch zweifelhafte Hypothese, es ist immer besser als Kollektaneen von factis dem Gedächtnis anvertraut. In dem, was ich hier sage ist mehr als ich auszudrücken im Stande bin. Ich werde mich aber hoffentlich immer wieder verstehen, wenn ich dieses lese. (Gambol 26ten Dez. 1791.)

[J 1308 / 1738]

Ist hierin eine gänzliche Revolution möglich?

[J 1311 / 1773]

Diese Theorien sind künstliche Systeme die immer in Ermangelung eines natürlichen ihren Wert haben. [J – / 1774]

Was kann hierbei durch Leitung der Wärme erklärt werden? [J – / 1792]

Welches ist der außerordentlichste und auffallendste Gebrauch, den man hiervon machen könnte oder die sonderbarste Folgerung daraus im höchst Großen und Vergrößerten oder im höchst Kleinen und Verkleinerten?

[J 1318 / 1832]

Man könnte den Menschen so den Ursachen-Bär, so wie den Ameisen-Bär nennen. Es ist etwas stark gesagt. Das Ursachen-Tier, wäre besser. [J 1315 / 1826]

Richter sagte einmal zu mir: Die Ärzte sollten nicht sagen, den habe ich geheilt, sondern der ist mir nicht gestorben, so könnte man auch in der Physik sagen, ich habe davon Ursachen angegeben, wovon man am Ende die Absurdität nicht zeigen kann, anstatt zu sagen ich habe *erklärt*

[J 1316 / 1827]

Symbole zu entdecken. Dieses läuft etwas auf mein Paradigma hinaus. [J – / 1833]

Wovon ist dieses ein Typus, oder worin liegt der Typus hiervon? [J – / 1836]

Alles das Beste aus diesen Fragen zusammen zu nehmen und mit allen Paradigmen nochmals zu vergleichen.

[J – / 1839]

So wie sich die See gesetzt hat, so haben sich auch mehrere Dinge gesetzt: so wie *die* getobt hat, so haben auch andere Fluida getobt. Das Gleichgewicht, das wir jetzt auf unserer Erde in so vielen Dingen bemerken, kann eben so bei allen diesen gefehlt haben, als es allem Anschein nach beim Wasser gefehlt hat. Es wird mir immer wahrscheinlicher, dass es nicht bloß Abfließen des Wassers war, was unserer Erde die jetzige Form gegeben hat. Wasser folgt den Gesetzen der Schwere, wenn Höhlen einstürzen; andere Fluida folgen andern Einstürzungen, chemischen Verbindungen usw. *Es kann ja auch Höhlen für andere Kräfte geben NB.*

[J – / 1840]

Kolumbus, Kolumbus! überall. [J 1320 / 1849]

Es ist eine große Stärkung beim Studieren, wenigstens für mich, alles was man liest so deutlich zu fassen, dass man *eigne* Anwendungen davon, oder gar Zusätze dazu machen kann. Man wird am Ende dann geneigt zu glauben man habe alles selbst erfinden können, und so was macht Mut. So wie nichts mehr abschreckt als Gefühl von Superiorität im Buch [J 1322 / 1855]

Ist dieses auch die wahre Ursache wie man durchgängig glaubt oder steckt noch mehr dahinter? [J 1326 / 1884]

Den Nutzen haben solche Nomenklaturen, dass sie die Geschichte der Wissenschaft geben, wo man sie freilich nicht sucht. Zitterfisch. [J – / 1885]

Noch mehr Sachen so wie Chladni, oder auf ähnliche Weise. [J 1327 / 1886]

So bald man die Frage genau bestimmt hat die man untersuchen will, so teilt man sie in so viele Abteilungen ab, als hinlänglich ist alle Schritte dabei genau zu unterscheiden. Alsdann kann man jede Abteilung wieder als eine ganz eigene Materie behandeln und Unter-Abteilungen machen, so wird der Vernunft die Untersuchung der Frage am leichtesten gemacht, dieses künstliche Verfahren hebt ja die Sprünge des Genies nicht auf. Ist von Instrumenten die Rede so müssen die Materialien daran eben so betrachtet werden. So verfuhr Deluc bei seinem ersten Hygrometer. [J 1328 / 1889]

Sollte alle Wärme einerlei sein und eine so geleitet werden, wie die andere? Sonnenwärme wie die vom Kohlfeuer.

[J – / 1890]

Es ist äußerst wichtig bei Widerlegungen ja nicht zu geschwind zu gehen, sondern jedes Komma umständlich auseinander zu setzen, und nicht eher zum folgenden über zu gehen bis alles in dem gegenwärtigen Schritt fast zum Überdruss dargetan ist. Nicht zu eilen. Das ist mein gewöhnlicher Fehler. [J 1331 / 1963]

Eine von den Hauptfiguren ist wohl immer und zwar bei den bekanntesten Dingen: ist das wohl auch wirklich so; lässt sich hierbei eine Distinktion anbringen wodurch es klar wird dass es nicht immer so sein könne. Es ist hier nur schade, dass man grade dann nicht fragt, wenn es am nötigsten wäre. [J 1332 / 1965]

Baco N. O. I. aph. 100. Man muss sich bemühen nicht bloß die Natur zu erforschen sondern auch von den bisherigen ganz verschiedene Methoden versuchen. *Das ist wohl ein rechter* Haupt-Umstand. Einmal das ganze Compendium mit diesem Gedanken durch zu gehen. Auch die allergewöhnlichsten, zum Exempel Druck der Luft.

[J 1333 / 1991]

Vor allen Dingen Erweiterung der Grenzen der Wissenschaft, ohne dieses ist alles nichts. [J 1335 / 2041]

⟨Wirkung der Gnade, vielleicht aber auch der Mondsucht⟩

[J 1338 / 2055]

Wenn du ein Buch oder eine Abhandlung gelesen hast, so sorge dafür dass du es nicht umsonst gelesen haben magst; abstrahiere dir immer etwas daraus zu deiner Besserung, zu deinem Unterricht oder für deine Schriftsteller-Ökonomie.

[J 1340 / 2070]

Was haben wir getan?
Was tun wir jetzt?
Was sollten wir noch tun? [J 1341 / 2076]

Man muss alles auf seines eignen Selbsts Weise und Erfahrung in der Welt verstehen lernen oder wenigstens zu verstehen suchen. Kömmt auf Sätze die allem von den weisesten Menschen Behaupteten widersprechen, so muss man aufsuchen woran dieses liegt und sich zu bessern oder die andern zu widerlegen suchen. [J 1343 / 2107]

Einmal mein ganzes Cabinet mit der Frage durchzugehen: wozu kann dieses Instrument außer seiner eigentlichen Bestimmung sonst noch gebraucht werden. Ich glaube dass ich dadurch manches sparen können werde. Z.B. zu Kempelens Maschine könnten die Lampen des Pyrometers recht gut genützt werden. *Die Kugeln von Pockholz bei elektrischen Versuchen. Dieses kann eine gute Beschäftigung bei schlaflosen Nächten werden.* [J – / 2138]

Ferner meine ganze Sammlung auch einmal mit den Fingern durchzugehn 1) wie ließe sich diese Maschine bequemer einrichten ohne aus dem Genus heraus zu gehen? Und 2) könnte man dieses nicht besser ausrichten auf einem ganz andern Wege? 3) Gibt es nicht in einem ganz andern Fache der Physik [etwas] wo ein ähnliches Instrument von Nutzen sein könnte. [J – / 2139]

Vorderdeckel des vorletzten Sudelbuchs *K*

den 27. April 1793.
Es wäre vielleicht nützlich einmal ernstlich zu untersuchen, warum so wenig mit den eigentlichen Erfindungsregeln ausgerichtet wird. Es sind sämtlich noch keine Hebel, keine Mikroskope und keine Fernröhre. Das Mikroskop ist da wo man die weitere Betrachtung des Phänomens der Mathematik zuschieben kann. [K 17 / 17]

[Aus den hier (April / Mai 1793) unmittelbar anschließenden lange übersehenen Blättern der verschollenen Handschrift von K]

Ich glaube unter allen ⟨hermeneutischen⟩ heuristischen Hebezeugen (organis) ist keines fruchtbarer als das was ich Paradigmata genannt habe. Ich sehe nämlich nicht ein warum man nicht bei der Lehre vom Verkalchen der Metalle sich Newtons Optic zum Muster nehmen könne. Denn man muss notwendig heutzutage anfangen auch bei den ausgemachtesten Dingen, oder denen wenigstens die es zu sein scheinen, ganz neue Wege versuchen. Die Gleise oder vielmehr die gebahnten Wege sind etwas sehr Gutes, aber wenn niemand neben her spazieren gehen wollte, so würden wir wenig von der Welt kennen. Die Leute die in der Gegend wohnen, das ist die die sich in der Welt nur einem kleinen Fach widmen müssen alles versuchen. Der Reisende bleibt auf der Chaussee der Gutsbesitzer muss alle Stellen untersuchen.

[Lichtenberg-Jb. 1992,12; PhM 4,152 f. / K 312]

Ich glaube, dass man durch ein aus der Physik gewähltes Paradigma auf Kantische Philosophie hätte kommen können. [Lichtenberg-Jb. 1992,12; PhM 4,153 / K 313]

Diese Erfindungsregeln durch Paradigmata helfen freilich dem Dummkopf nicht, denn der Dummkopf taugt gar zum Erfinden nicht, eben weil er ein Dummkopf ist. Allein selbst der gute Kopf will angestoßen sein um etwas neues zu sehen, zu mal etwas neues auf neuen Wegen kann fast nur allein durch solche Mittel gefunden werden. Wenn wie einmal HE. HofR. Kästner mutmaßte, Newton durch seine Lichtgeschichte auf das Gesetz der Schwere kam so ist dieses ein Paradigma. Man kann bei diesen Hilfsmitteln nicht genug bedenken, dass der gute Kopf doch immer dabei noch seine natürliche Freiheit behält, und also die andern Wege durch dieses Hilfsmittel nicht verstopft werden.

[Lichtenberg-Jb. 1992,12; PhM 4,153 f. / K 314]

Wieviel Ideen schweben nicht zerstreut in meinem Kopfe, wovon manches Paar, wenn sie zusammen kämen, die größte Entdeckung bewircken könnten. Aber sie liegen so getrennt wie der Goslarische Schwefel, vom Ostindischen Salpeter und dem Staub in den Kohlenmeilern auf dem Eichsfelde welche zusammen Schießpulver machen würden. Wie lange haben nicht die Ingredienzen des Schießpulvers existiert vor dem Schießpulver. Ein natürliches aqua regis gibt es nicht. Wenn wir beim Nachdenken uns den natürlichen Fügungen der Verstandes-Formen und der Vernunft überlassen, so kleben die Begriffe oft zu sehr an andern, dass sie sich nicht mit denen vereinigen können, denen sie eigentlich zugehören. Wenn es doch da etwas gäbe wie in der Chemie Auflösung, wo die einzelnen Teil[e] leicht suspendiert schwimmen und daher jedem Zuge folgen können. Da aber dieses nicht angeht, so muss man die Dinge vorsätzlich zusammen bringen, man muss mit Ideen *experimentieren.*

[Lichtenberg-Jb. 1992,12 f.; PhM 4,137 f. / K 308]

Wenn uns einmal ein höheres Wesen sagte wie die Welt entstanden sei, so möchte ich wohl wissen ob wir im Stande wären es zu verstehen. Ich glaube nicht. Von Entstehung würde schwerlich etwas vorkommen, denn das ist bloßer Anthropomorphismus. Es könnte gar wohl sein, dass es außer unserm Geist gar nichts gibt was unserem Begriff von Entstehung korrespondiert, sobald er nicht auf Relationen von Dingen gegen Dinge, sondern auf Gegenstände an sich angewendet wird. [K 18 / 18]

Lässt sich dieses nicht viel kürzer und bequemer ausrichten? [Lichtenberg-Jb. 1992,13]

Man schreibt sehr viel jetzt über Nomenklatur und richtige Benennungen, es ist auch ganz recht, es muss alles bearbeitet und auf das Beste gebracht werden. Nur glaube ich, dass man sich zu viel davon verspricht, und zu ängstlich ist den Dingen Namen zu geben die ihre Beschaffenheit ausdrücken. Der unermessliche Vorteil den die Sprache dem Denken bringt besteht dünkt mich mehr darin, dass sie überhaupt Zeichen für die Sache, als dass sie Definitionen sind. Ja ich glaube dass grade dadurch der Nutzen den die Sprachen haben wieder zum Teil aufgehoben wird. Was die Dinge sind, dieses auszumachen ist das Werk der Philosophie. Das Wort soll keine Definition sein, sondern ein bloßes Zeichen für die Definition, die immer das veränderliche Resultat des gesamten Fleißes der Forscher ist, und es in so unzählichen Gegenständen unsres Denkens ewig bleiben wird, dass der Denker daher gewöhnt wird sich um das Zeichen, als Definition gar nicht mehr zu bekümmern, und diese Unbedeutlichkeit auch endlich unvermerkt auf solche Zeichen überträgt die richtige Definitionen sind. Und das ist auch dünkt mich sehr recht. Denn da einmal nun die Zeichen der Begriffe keine Definitionen sein können, so ist fast besser gar keines derselben eine Definition sein zu lassen, als auf das Ansehen einiger Zeichen hin, die richtige Definitionen sind, so vielen andern die es nicht sind einen falschen Kredit zu verschaffen. Das würde eine Herrschaft der Sprache über die Meinungen bewirken die alle den Vorteil wieder raubte den uns die Zeichen verstatten. Es ist aber nicht zu befürchten, die sich selbst überlassene Vernunft wird immer die Worte für das nehmen was sie sind. – Es ist unglaublich wenig was ein solches definierendes Wort leistet. Das Wort kann doch nicht alles enthalten und also muss ich doch die Sache noch besonders kennen lernen. Das beste Wort ist das das jedermann gleich versteht. Also sei man ja behutsam mit der Wegwerfung allgemein verstandener Wörter, und man werfe sie nicht deswegen weg weil sie einen falschen Begriff von der Sache gäben! Denn einmal ist es nicht wahr, dass es mir einen falschen Begriff gibt, weil ich ja weiß und voraussetze, dass das Wort diene die Sache zu unterscheiden, und für das andere, so will ich aus dem Wort das Wesen der Sache nicht kennen lernen. Wer hat beim Metall-Kalch je an Kalch gedacht? Was kann es schaden die Kometen Kometen das ist Haar-Sterne zu nennen, und was würde es nutzen sie Brand- oder Dampf-Sterne zu nennen? (Sternschnuppe.) Es lässt sich selten viel in die Namen eintragen, so dass man doch erst die Sache kennen muss. Parabel, Hyperbel, Ellipse sind Namen dergleichen sich die Chymie weniger rühmen kann, denn [sie] drücken Eigenschaften dieser Linien aus, aus denen sich alle die übrigen herleiten lassen, welches freilich mehr *reiner* Natur der Wissenschaft wohin diese Betrachtungen gehören als einem besonderen Witz der Erfinder dieser Namen zuzuschreiben ist. Aber was hilft eben diese Weisheit, man braucht sie wie den Namen Zirkel und Kreis oder Muschel-Linie, die keine Definition sind. Der Dispüt hat wirklich etwas Ähnliches mit den puristischen Bemühungen der Sprachmelioristen, und Orthographen. Man hofft *zu viel* von guten und fürchtet zuviel von schlechten Wörtern. Die Richtigkeit des Ausdrucks ist es nicht allein sondern die Bekanntheit und der Wert eines Worts steht also gewissermaßen in der zusammengesetzten Verhältnis aus der jedesmalen Richtigkeit und der Bekanntheit. Freilich Regeln für die Wörterfertigung festzusetzen ist immer sehr gut, denn es kann ein Fall kommen, wo man sie gebraucht. Es ist wirklich gut den Dingen griechische zu geben. Hätte man für die ganze Chemie hebräische Namen oder arabische wie Alkali pp, so würde man am besten dabei fahren je weniger man von dem Namen versteht. [K 19 / 19]

Nomenklatur. Auch hier ist die eingeschränkte Monarchie der Aristokratie vorzuziehen. Wenn man bloß vernünftig gewählte Ausdrücke gelten machen will, so gibts eine Aristokratie, und dann welche sind dann die vernünftigsten und wer soll darüber entscheiden? Es können ja viele gleich gut und gleich vernünftig gewählt sein. Ich halte auch hier einen geschnitzten Monarchen für den besten; geschnitzte Heiligen richten mehr aus als die beseelten. Am Umschaffen eingeführter Namen hat immer mehr Eitelkeit als Nützlichkeit Anteil, denn gewöhnlich werden sie alsdann erst nützlich wenn man sie so nimmt wie die alten, nämlich nicht mehr denkt *was die Dinge ihrem Wesen nach sind,* die sie bezeichnen, sondern bloß an die Dinge. Hypothesen sind Gutachten, Nomenklaturen sind Mandate. [K 20 / 20]

Tun, nicht reden. [Lichtenberg-Jb. 1992,15]

Nomenklatur. Ich glaube immer es ist am besten gar nicht zu reformieren. Es erweckt Erbitterung und Neid und Verachtung, auch wird zuviel über Namen geschrieben, das doch eigentlich nichts ist. Das Unsinnige verliert sich von selbst, und das was gleichsam die Natur abstößt, wächst nicht wieder. [K 21 / 21]

[Unsicher datierte Notizen, mutmaßlich aus K]

Wir werden uns gewisser Vorstellungen bewusst, die nicht von uns abhängen; andere, glauben wir wenigstens, hingen von uns ab; wo ist die Grenze? Wir kennen nur allein die Existenz unserer Empfindungen, Vorstellungen und Gedanken. *Es denkt,* sollte man sagen, so wie man sagt: *es blitzt.* Zu sagen *cogito,* ist schon zu viel, so bald man es durch *Ich denke* übersetzt. Das *Ich* anzunehmen, zu postulieren, ist praktisches Bedürfnis. [VS 2, 1801,95 f. / K 76]

Man sollte sich nicht schlafen legen, ohne sagen zu können, dass man an dem Tage etwas gelernt hätte. Ich verstehe darunter nicht etwa ein Wort, das man vorher noch nicht gewusst hat; so etwas ist nichts; will es jemand tun, ich habe nichts dagegen; allenfalls kurz vor dem Lichtauslöschen. Nein, was ich unter dem Lernen verstehe, ist Fortrücken der Grenzen unserer wissenschaftlichen oder sonst nützlichen Erkenntnis; Verbesserung eines Irrtums, in dem wir uns lange befunden haben; Gewissheit in manchen Dingen, worüber wir lange ungewiss waren; deutliche Begriffe von dem, was uns undeutlich war; Erkenntnis von Wahrheiten, die sich sehr weit erstrecken u.s.w. Was dieses Bestreben nützlich macht, ist, dass man die Sache nicht flüchtig vor dem Lichtausblasen abtun kann, sondern dass die Beschäftigungen des ganzen Tages dahin abzwecken müssen. Selbst das Wollen ist bei dergleichen Entschließungen wichtig, ich meine hier das beständige Bestreben der Vorschrift Gnüge zu leisten. [VS 2, 1801,402 f. / K 297]

Unternimm nie etwas, wozu du nicht das Herz hast, dir den Segen des Himmels zu erbitten! [VS 2, 1801,404 / K 298]

Rat am Ende des Lebens: Man hüte sich, wo möglich, vor allen Schriften der Kompilatoren und der allzu litterärischen Schriftsteller! Sie sind nicht *ein* Mensch, sondern viele Menschen, die man nie unter einen Kopf bringen kann, ohne sich zu verwirren; und es geht oft viele Zeit verloren, eine solche musivische Arbeit unter einen guten Gesichtspunkt zu bringen. Ein Mann, der alles zusammen gedacht hat, für sich, verdient allein gelesen zu werden, weil *ein* Geist nur *einen* Geist fassen kann.

[VS 2, 1801,404 f. / K 299]

Immer sich zu fragen: sollte hier nicht ein Betrug statt finden? und welches ist der natürlichste, in den der Mensch unvermerkt verfallen, oder den er am leichtesten erfinden kann? [VS 2, 1801,405 / K 300]

Bei großen Dingen frage man: was ist das im Kleinen? und bei kleinen: was ist das im Großen? wo zeigt sich so etwas im Großen, oder im Kleinen? – Es ist auch gut, alles so allgemein als möglich, zu machen, und immer die ganze Reihe nach oben und nach unten aufzusuchen, von der etwas ein Glied ausmacht. Jedes Ding gehört in eine solche Reihe, deren äußerste Glieder gar nicht mehr zusammen zu gehören scheinen. [VS 2, 1801,406 f. / K 301]

Nicht eher an die Ausarbeitung zu gehen, als bis man mit der ganzen Anlage zufrieden ist, das gibt Mut und erleichtert die Arbeit. [VS 2, 1801,407 / K 302]

Zweifle an allem wenigstens Einmal, und wäre es auch der Satz: zweimal 2 ist 4. [VS 2, 1844,136 / K 303]

Man muss sich hüten, manche Dinge nicht bekannt zu nennen, weil man gerade zuweilen daraus sieht, dass sie einem unbekannt waren. [VS 2, 1844,137 / K 304]

Keine Untersuchung muss für zu schwer gehalten werden, und keine Sache für zu sehr ausgemacht.

[VS 2, 1844,137 / K 305]

Wir sind auf dem Wege zur Untersuchung der Natur in ein so tiefes Geleise hinein geraten, dass wir immer andern nachfahren. Wir müssen suchen herauszukommen.

[PhM 4,341 / K 306]

Eine historiam inertiae s.[ive] vis inertiae zu schreiben, wäre wohl der Mühe wert. [PhM 4,343 / K 307]

Das beste Mittel neue Gedanken z. B. in der Naturlehre zu finden, wenigstens unerwartete Anwendungen zu machen, ist, sich einige Tage ja Wochen lang hindurch in eine gewisse Materie recht einzustudieren, und hernach die ganze Naturlehre nach einem gewissen Plan geschwind zu durchlaufen. Es entstehen da gewiss unverhoffte Kombinationen.

[PhM 4,138 f. / K 309]

Fragen über Gegenstände aufzusetzen: Fragen über Nachtwächter – und ja jedes Kapitel der Physik mit Fragen über dasselbe zu beschließen. [PhM 4,340 / K 310]

In unsern physikalischen Lehrbüchern trennen wir mit Recht, was in der Natur ungetrennt vorkommt. Wir sollten auch suchen zu vereinigen. So trennen wir z. B. beim Lichte Reflexion, Refraktion und Inflexion, und alle diese obendrein noch von chemischer Bindung. Aber es ist mir unmöglich zu glauben, dass nicht alle diese drei und mehr Relationen in jedem gegebenen Falle beisammen sein sollten. (S. Brougham's Experiments and Observat. on the Inflection etc. in den Philos. Transact. for 1796. P. I.) Das Traurige bei diesen Trennungen ist nur, dass wir alsdann zu unsern Versuchen nur die Körper aussuchen, in welchen sich *Eins* von dem vielen vorzüglich zeigt. Dieses ist zwar einer guten Methode sehr gemäß, wenigstens nach unsrer Eingeschränktheit. Aber sobald wir zur Anwendung kommen, muss alles zusammengenommen werden. – Was würde nicht z.B. aus unsrer Dioptrik geworden sein, wenn die verdoppelnden durchsichtigen Körper die gemeinsten, und das Glas selten wäre?

[PhM 4,147 f. / K 311]

So oft etwas Neues bemerkt wird, zu untersuchen, ob dieses nicht ein Glied einer versteckten Kette sei, einer ganzen Familie von Wahrheiten, so wie der Versuch mit dem Flintenlauf und Wasserdampf. [PhM 4,154 / K 315]

Mikroskope überall zu erfinden, und wo dieses nicht angeht, die Versuche im Großen anzustellen, das ist der einzige Weg directe zum Neuen zu gelangen.

[PhM 4,154 / K 316]

Auch darin weicht man von der Nachahmung der Astronomie ab, dass man in die ersten Anfangs-Kenntnisse gleich die Resultate aus den tiefsten trägt. Das ist aber doch fürwahr nicht recht. Man muss erst ordnen im Großen, und dann die Korrektionen nachtragen. Darin besteht der eigentümliche Vortrag der Physik. Ehe sie [nicht?] so gelehrt wird, wird nichts daraus. Man muss etwas haben, auf welches man aufträgt, was man auszuschmücken für nötig erachtet. Alles *auf einmal* tun zu wollen, zerstört alles *auf einmal.* [PhM 4,155 / K 317]

Ein sehr nützliches Buch wäre, durch die ganze Naturlehre anzugeben, wie man unerwartete Vorfälle beobachten soll, worauf man dabei zu sehen hat. Ohne dieses kommen wir wahrlich nicht weiter. Denn wie selten sind Kenner an solchen Orten, wo merkwürdige Erscheinungen vorkommen; aber gewiss kann man durch einen fasslichen Unterricht gar leicht zum Kenner für eine besondere Sache gemacht werden. [PhM 4,156 / K 318]

In dem Satze: actio et reactio sunt aequales ist in der Tat sehr viel mehr Wahres enthalten, als man noch zur Zeit mit reinen Prinzipien zusammenzuhängen weiß. Man hat Newton getadelt (S. Gehlers Wörterb. Art. *Gegenwirkung.* in II. und V. B.), dass er den Satz auf die Attraktion von Erde und Mond ausgedehnt habe. Ich glaube fast, dass der Tadel ungerecht ist. Es muss freilich der Begriff von Aktion der Materie weiter ausgeholt werden, so dass *Stoß* und *Attraktion,* beide, gleiche Rechte unter ihm bekommen. Wer ohne Rücksicht auf Attraktion einen Stein gegen die Erde wirft, stößt die Erde mit dem Stein, stößt aber auch den Stein mit der Erde. Es ist völlig einerlei, und sobald die Kraft gewirkt hat (und wenn auch der Konflikt selbst noch Jahrtausende verschoben würde), so ist es völlig einerlei, ob der Stein gegen die Erde, oder die Erde gegen den Stein geworfen würde. Wiederum (in Rücksicht auf Attraktion) wer einen Stein von der Erde aufhebt, entfernt auch die Erde von dem Stein. Er entfernt beide von dem Mittelpunkt ihrer Schwere nach Maßgabe ihrer Masse, und wer sie gegen einander stößt, nähert beide nach Verhältnis ihrer Masse ihrem gemeinschaftlichen Schwerpunkt, oder eigentlich hier dem Mittelpunkt der Trägheit. Mit eben der Kraft, womit ich ein Hirsenkorn bewege, kann ich die Sonne bewegen; nur wird freilich die Geschwindigkeit der bewegten Sonne so viel Mal geringer sein, als die Sonne das Hirsenkorn an Größe übertrifft; und von jeder Bewegung, die wir bemerken, kommt etwas der ganzen Welt zu. Ich glaube, Kant hat für diese Idee gehörig tief ausgeholt. Wenn sich zwei harte Körper directe einander stoßen, so erfolgt allemal eine Ruhe für beide im absoluten Raume; aber auch im relativen, wenn ihre Massen einander gleich sind. – Stoß und Attraktion müssen als bloße Species *eines* generis behandelt werden. Dahin muss es gebracht werden, so wird Newton Recht haben. [PhM 4,172 / K 319]

Es ist wohl ausgemacht, dass ein Körper, der ruht, immer ruhen wird; aber es ist nicht so deutlich, dass ein Körper, der sich einmal bewegt, sich immer fort bewegen wird; zumal wenn man annimmt, dass die Bewegung der Materie nicht eigen sei. Da der Körper sich nicht ohne äußere Kraft bewegt, wie erhält er sich in Bewegung ohne äußere Kraft? Es ist in der Welt so, aber ist dieses notwendig? Was teilt der Materie diese Seele mit? Die Mitteilung der Bewegung ist eine der dunkelsten Materien. [PhM 4,183 / K 320]

Ob Undurchdringlichkeit mit unter die allgemeinen Eigenschaften der Körper gehöre, getraue ich mir nicht zu entscheiden. Wir schließen es aus Erfahrungen, die nie allgemein sein können. Wir haben auch Erfahrungen, aus denen man das Gegenteil folgern könnte z.B. die Wirkung des Lichts, der magnetischen Materie. Hier helfen wir uns mit Poren, aber die Poren sind wieder angenommen, weil wir die Materie für undurchdringlich halten.

[PhM 4,183 f. / K 321]

In wie fern lassen sich die Pflanzen als chemische Laboratorien ansehen? Sind sie dieses, so fragt es sich, was wird aus der Komposition des Wassers? Ich fürchte aber fast, es sieht mit der Chemie des tierischen und Pflanzen-Körpers so aus: woraus bestehen Newtons Werke? Antwort: aus Lumpenpapier und Druckerschwärze. [PhM 4,189 / K 323]

Alles ist hienieden gemischt; wir müssen jetzt nur suchen, wie wir es gehörig trennen, und eine Materie vorzüglich vor der andern erscheinen machen können. Das ist allein Gewinn *latente* Dinge *sensibel* zu machen. [PhM 4,197 / K 327]

Latent werden, fortleiten, sensibel werden sind Begriffe, die einmal im allgemeinsten Verstande betrachtet zu werden verdienten. Wo plötzlich etwas sensibel wird, da geht gewiss eine Trennung vor; es ist ein präzipitierendes Mittel da, das vielleicht den andern Bestandteil mit sich fortreißt, und was vorher ein Nichtleiter eines Bestandteils war, kann jetzt ein Leiter werden. [PhM 4,198 f. / K 329]

Was würde geschehen, wenn man in *Haarröhrchen* das *Wasser von oben herab* ziehen ließe? Wenigstens muss dieser besondere Fall mit Lalande's Theorie vereinigt werden können. Der Versuch ist leicht. [PhM 4,202 / K 330]

Warum sollte nicht Affinität bei großen Körpern in die Ferne wirken können? Eigentlich: warum sollte nicht das, was wir Affinität nennen, sich bei ungeheuren Massen auch in der Ferne zeigen können? Das Aufsteigen der Atmosphäre in den heißen Gegenden ist gewisser Maßen eine Flut der Luft, die nicht durch die Attraktion, sondern durch das Licht und die Wärme der Sonne hervorgebracht wird.
[PhM 4,204 / K 331]

Es wäre doch möglich, dass einmal unsere Chemiker auf ein Mittel gerieten unsere Luft plötzlich zu zersetzen, durch eine Art von Ferment. So könnte die Welt untergehen.

[PhM 4,206 / K 334]

Mir kommt es vor, als wenn auf der Klarinette und der Bassgeige zwischen den höhern und tiefern Tönen einige lägen, die gar nicht in die Klasse gehörten, und die wie Erdfarben unter den Saftfarben stehen. Es sind unangenehme; die beim erstern Instrument blöken und bläken, und bei dem letztern kratzen und schaben. [PhM 4,211 / K 340]

Es könnte sein, dass das Ohr deswegen eine so künstliche Einrichtung hat, um gewisse Irregularitäten in den Schwingungen zu hindern und aufzuheben, so wie die achromatischen Gläser für das Auge die Farben, – oder überhaupt um die Schwingungen zu sichten und zu verfeinern. – Ein Filtrum für Schwingungen. [PhM 4,212 / K 341]

Eines solchen Mannes wie Mozarts Ohr hätte man notwendig sezieren sollen, denn wenn wir nicht durch monströse Vergrößerung endlich der Natur dort etwas abmerken, so wird es nie geschehen. [PhM 4,214 / K 343]

Hört man eine vom Ohr wegwärts geschossene Kugel pfeifen? [PhM 4,219 / K 346]

Das »medium tenuere beati« ist so abgebraucht, dass man nun allmählich anfangen kann es wieder für brauchbar zu halten. Wie wäre es, wenn man am besten damit auskäme, beide Theorien des Lichts, die Newtonische und die Eulerische, zu vereinigen?

Überhaupt ist das medium tenuere beati eine goldene

Regel, schon deswegen, weil die Meinungen der Parteien immer ihren Grund haben, und nach der Eingeschränktheit unserer Kenntnisse jeder Respekt verdient, und auch recht haben kann. [PhM 4,258 / K 360]

Es kann bei einem so verwickelten Streite, wie der über die Theorie des Lichts, wo Newton und Euler an der Spitze der Parteien stehen, nicht mehr schlechtweg die Frage sein, was ist hierin wahr? sondern, welche Erklärungsart ist die einfachste? Durch das Einfache geht der Eingang zur Wahrheit. [PhM 4,260 / K 361]

Wenn das Licht trotz seiner Geschwindigkeit noch eine Schwere hat, so würde doch so etwas wie Refraktion am Horizonte erscheinen müssen, weil es von der Erde stark gezogen wird. Eigentlich wäre es *Inflexion*, durch die ganze Masse der Erde bewirkt. [PhM 4,261 / K 362]

Da man nun gezeigt hat, dass der Bau des Auges nicht auf Achromatismus zielt, so entsteht die Frage: ist nicht vielleicht ein anderer Zweck dadurch erreicht worden? Aber, lässt sich nun fragen, an was für Augen hat man die Krümmungen gemessen, an Toden oder Lebendigen? An Lebendigen gewiss nicht. Und gesetzt auch, es gehe mit dem Tode keine Veränderung vor, so ist doch immer die Frage: ist auch das Auge vollkommen gewesen? Denn unsere verkehrte Lebensart verändert manches; man müsste Tiere gebrauchen. Bei diesen ist ja die Linse oft gar seltsam gestaltet. Ist es vielleicht auch für verschiedenen Druck der Luft eingerichtet? [PhM 4,267 f. / K 370]

Hat das Phänomen von den blauen und gelben Schatten nicht vielleicht Verwandtschaft mit dem Geschmackswesen in den Galvanischen Versuchen mit der Zunge? Man schmeckt erst das eine, wenn das andere da ist. Ich glaube, dass diese Bemerkung Aufmerksamkeit verdient.

[PhM 4,269 / K 373]

Sollte es nicht Luftarten geben, die verdoppeln, durch Refraktion? [PhM 4,270 / K 375]

Eine seltsame Idee ist wohl Folgendes: Wenn die Sonne ein negativer Lichtkörper wäre, so könnte ihr eben so gut etwas aus den Planeten zuströmen, und das könnte die Lichtmaterie sein. Hat man wohl schon daran gedacht, dass der Sonne etwas von uns zuströmen könnte?

[PhM 4,275 / K 376]

Wir werden nicht eher deutliche Begriffe von Licht und Feuer erhalten, als bis man alle merkwürdigen physikalischen Versuche aller Kapitel im Dunkeln durchmacht.

[PhM 4,275 / K 377]

Vielleicht ist gar die *Empfindung des Sehens* bloß eine Zersetzung des Lichts oder eine Verbindung verschiedener Stoffe unsers Körpers mit diesem einfachen Körper.

[PhM 4,275 / K 378]

Dass man alles grünlich sieht, wenn man lange durch ein rotes Glas gesehen, und umgekehrt, rötlich, wenn man lange durch ein grünes gesehen hat, ist ein merkwürdiger Umstand. Es scheint sehr für Eulern zu streiten.

[PhM 4,276 f. / K 379]

Überhaupt wäre es gut, mehr elektrische Versuche unter dem Mikroskop zu machen z. B. den Schlag durch eine gespannte Klaviersaite gehen zu lassen, die unter dem Mikroskop weggeht; durch einen Tropfen mit Infusionstierchen: durch Goldblättchen u. s. w. [PhM 4,287 / K 388]

Ich glaube, wir werden nicht eher in der Kenntnis der Elektrizität weiter kommen, bis jemand einen ganz neuen Weg entdeckt sie zu erwecken. Vielleicht geschieht es auf einem chemischen durch Zersetzung von Luftarten.

[PhM 4,288 / K 382]

Unser gewöhnlicher Weg Feuer zu erwecken ist das *Reiben*, alsdann geht es von selbst. Wir bringen auch durch Reiben Elektrizität hervor, aber sie verliert sich wieder und muss immer durch Reiben erneuert werden. Ferner bringen wir Feuer hervor durch chemische Operationen, und zwar Flamme in einem Augenblick. Sollte es nicht möglich sein, dereinst Elektrizität auf eine solche Weise zu erhalten? Freilich der Unterschied ist der, dass Feuer immer in der Luft erweckt wird, die sich zersetzt. Es müsste derjenige Körper gefunden werden, der die größte Kapazität für die Elektrizität hat, und den müsste man zu zersetzen suchen.

[PhM 4,288 f. / K 383]

Wenn es wahr ist, dass die elektrische Materie durch die ganze Erde verbreitet ist, so wäre eine der größten Entdeckungen diese: auszumachen, ob es auch verschiedene Kapazitäten dafür gibt. Wie findet man das? Wilcke mutmaßete so etwas von dem Musiv-Gold. Volta redet auch von Kapazitäten für die Elektrizität bei seinen Verdampfungen. Es ist aber alles das nicht viel, eigentlich gar nichts wert. Die Lehre von der Elektrizität ist jetzt da, wo man gewöhnlich passiert, so abgetreten und abgesucht, dass an der Heerstraße nichts mehr zu gewinnen ist; man muss querfeldein marschieren, und über die Gräben setzen. Diese Methode, die man wohl die unmethodische nennen könnte, ist überhaupt nebenher sehr zu empfehlen.

[PhM 4,289 / K 384]

Vielleicht ist unser Elektrisieren gerade die Operation, durch die wir die Elektrizität außer aller Wirksamkeit in den Körpern setzen. [PhM 4,290 / K 385]

So lange man noch nicht elektrische Mühlen anlegt, wodurch man ganze Laboratorien Jahre lang, mit allem was darinnen ist, elektrisieren kann, wird man in dieser Lehre noch lange zurück bleiben. [PhM 4,290 / K 386]

Ist etwa die Luft so elektrisch, wie die See salzig ist?

[PhM 4,291 / K 392]

Sollte die sehr verstärkte magnetische Materie nicht leiten? oder eine eiserne Spitze elektrisiert gegen einen Magneten gehalten längere Büschel schießen?

[PhM 4,291 / K 393]

An einem großen Teleskop, wie das Herschelsche, den Spiegel zu elektrisieren und zu sehen, ob sich eine Veränderung des Bildes zeigt. [PhM 4,293 / K 396]

Wenn man Spiegel von eigentlichem Stahl verfertigte, sollten die wohl Veränderung in der Reflexion zeigen, wenn man sie einem Magneten nahe brächte?

[PhM 4,302 / K 409]

Es ist noch die Frage, ob man manchen Kometen sehen würde, wenn man mitten darin wäre. Denn wie dünne muss nicht eine Nebelwolke sein, da sie trotz ihres ungeheuren Durchmessers doch nicht einmal den kleinsten Fixstern unserm Auge verdeckt? Und doch verdeckt, bei sonst heiterm Himmel, selbst das, was man dicke Luft nennt, uns die Sterne erster Größe bei ihrem Auf- und Untergange. Und was ist die Dicke einer solcher Luftschicht gegen den Durchmesser einer Nebelkugel, dergleichen öfters die kleinen Kometen sind? Es wäre also gar wohl möglich, dass unsere Erde einmal durch einen durchpassierte, ohne dass wir im mindesten etwas davon gewahr würden.

[PhM 4,308 f. / K 402]

Könnte nicht die Kälte beim Aufgang der Sonne zum Teil so erklärt werden, wie mein Hagel, durch den Luft-Prozess, den die Sonne in Gang setzt? [PhM 4,327 / K 403]

In wie weit ist die Erfahrung gegründet, die in mehrern Gegenden Deutschlands fast sprüchwörtlich angeführt wird, dass die Gewitter, die aus Osten kommen, gewöhnlich schwerer sind, als andere? In Göttingen habe ich nie eines erlebt, das gerade aus Osten gekommen wäre, aber einige aus Südosten, und die waren alle sehr schwer. In Darmstadt erinnere ich mich zweier die ebenfalls schwer waren, diese kamen gerade aus Osten. Bestätigt sich dieses ferner, was mag die Ursache sein?

[PhM 4,327 f. / K 404]

Vielleicht findet noch einmal jemand das Ferment, welches Luft in Wasser verwandelt, eine Kerze, die Wasser gibt, so wie die gewöhnlichen Kerzen Licht und Feuer.

[PhM 4,336 f. / K 405]

Die Lehre vom Hagel ist unstreitig eine von den schwersten in der ganzen Physik, und verdient ganz von unten untersucht zu werden. [PhM 4,337 / K 406]

Sollte nicht das Hygrometer in trockner Luft, zumal auf Bergen, Feuchtigkeit zeigen, wenn man ihm eine der Elektrizität der Luft entgegengesetzte Elektrizität gäbe?

[PhM 4,337 / K 407]

Ich sehe doch wirklich nicht, warum man die Birn an die Birnprobe anbringt. Könnte es nicht eine bloße gut kalibrierte Röhre sein? Da würde die Länge selbst zur Bestimmung der Teile dienen; es käme äußerst wenig Fläche mit der innern Luft in Berührung, und der Apparat zum Auskochen könnte viel kleiner werden.

[PhM 4,349 / K 411]

Ist wohl ein Unterschied in dem spezifischen Gewichte des gegossenen und des geblasenen Glases von derselben Masse? [PhM 4,353 / K 413]

Wie hängt eine bekannte Erfahrung, dass Leute in der Dämmerung besser sehen als am Tage, mit einer andern zusammen, dass manche Taube besser im Lärm hören?

[PhM 4,353 f. / K 414]

Hat man Beispiele von taubgebornen Tieren? Taubgeborne Hunde möchten wohl schwerlich stumm sein.

[PhM 4,354 / K 415]

Ob wohl ein Hund könnte abgerichtet werden, einen magnetischen Stahl von einem andern zu unterscheiden? Der Gebrauch von der Hundesnase ist wohl noch nicht ganz gemacht worden, der sich davon machen ließe. Erdbeben-Propheten sind die Hunde, wie auch einige andere Tiere.

[PhM 4,355 f. / K 416]

Wozu ist das Stroh gut? [PhM 4,356 / K 417]

Etwas dabei zu tun oder zu denken was noch kein Mensch in der Welt je dabei getan oder gedacht hat. [L 20 / 20]

Immer individuell; immer lieber Hamburgischer Correspondent als Zeitung. Statt Freude, der heilige Schein der Freude pp et sic in infinitum, NB. [L 336 / 338]

Es ist fast nicht möglich etwas Gutes zu schreiben ohne dass man sich dabei jemanden oder auch eine gewisse Auswahl von Menschen denkt die man anredet. Es erleichtert wenigstens den Vortrag sehr in tausend Fällen gegen einen.

[L 614 / 617]

In Dingen, wo es vorzüglich auf lebhaften Vortrag ankömmt, sollte man, nachdem alles parat ist, was man sagen will, erst beibringen was man beibringen kann, ganz für sich, also bloß des Beibringens wegen; alsdann alles noch einmal schreiben des Weglassens wegen. Das erste ist das Dreschen, das zweite ist das Sichten und Sieben. Nun müsste noch ein Drittes kommen, das Wurfeln. Ein paarmal Sichten schadet auch nicht. [L 675 / 679]

Ehe ich über alles dieses etwas schreibe müssen erst die Bayrische Preisschriften über den Magnet wieder gelesen werden. [L – / 723]

Die kleinsten Dinge sich wachsend zu denken. Dr Yarmatti's eiserne Platte ist vergrößertes Knittergold. Die Riesenharfe ist eine Aeolus-Harfe. [L – / 732]

Nicht zu vergessen was ich *Chemiam comparatam* genannt habe. [L – / 737]

Physik.[alisches] Comp.[endium] Überall auf allgemeine Begriffe zu führen. So behandelt behält sich alles besser. [L 706 / 780]

Sind *Wir* nicht auch ein Weltgebäude, so gut als der Sternenhimmel und eines das wir besser kennen sollten, und besser kennen könnten, sollte man denken, als das dort oben. [L 711 / 804]

Wenn man nach gewissen Regeln erfinden lernen könnte, wie z.[um] Ex.[empel] die so genannte Loci topici sind, oder wenn die Vernunft sich selbst in den Gang setzen könnte so wäre die[s] gerade eine solche Entdeckung, als die Tiere zu vergrößern, oder Sträuche zur Größe von Eichbäumen auszudehnen. Es scheint, als wenn allen Entdeckungen eine Art von Zufall zum Grunde läge selbst denen, die man durch Anstrengung gemacht zu haben glaubt. Das bereits Erfundene in die beste Ordnung zu bringen, allein die Haupt-Erfindungs-Sprünge scheinen so wenig das Werk der Willkür zu sein als die Bewegung des Herzens. – Eben so kömmt es mir vor, als wenn die Verbesserung, die man den Staaten geben kann durch räsonierende Vernunft, bloß leichte Veränderungen wären; wir machen neue Species, aber Genera können wir nicht schaffen, das muss der Zufall tun. Versuche müssen daher angestellt werden in der Naturlehre, und die

Zeit abgewartet, in den großen Begebenheiten. Ich verstehe mich.

Hieher gehört was ich an einem andern Ort gesagt habe, dass man nicht sagen sollte: ich denke, sondern *es denkt so* wie man sagt: *es blitzt*. [L 713 / 806]

Hauptregel: Il faut reculer les causes intelligibles tant qu'on peut. [L 715 / 814]

Wie kann ich mir hierdurch Vorteil verschaffen, er habe auch Namen wie er wolle? Einen Ausdruck, einen Gedanken, Vergnügen, Einnahme, alles versteht sich, ehrlich und rechtlich. [L 716 / 815]

Wie viele Fälle sind hier möglich? Wie kann man das Wort nehmen? in wie vielerlei Sinn. NB. [L – / 829]

Über die eigentlichen Grenzen der Physik nachzudenken und Schellings Ideen zu einer Philosophie der Natur zu lesen [L 720 / 850]

Leitfaden bei einem zusammenhängenden Vortrage gemeinnütziger physikalischer Sätze, als Vorbereitung zu einer künftigen Wissenschaft der Natur. Dieses könnte der Titul eines Compendii über die Physik werden. In der Vorrede müsste freilich alles sehr erläutert werden. Der Weg, womit man alles so sehr von dem gemeinen Menschenverstand, einem sehr respektabeln Wesen, abzurücken sich bestrebt, gefällt mir, so sehr lobenswürdig er auch in mancher Rücksicht sein mag, in Wahrheit nicht. Der *gemeine* Menschen-Sinn ist meiner Meinung nach ein sehr respektabler Punkt auf der Stufenleiter unserer Kenntnisse, und hauptsächlich der Kräfte unsers Geistes im allgemeinen, dass man ihn wohl als einen Punkt betrachten kann, von dem seine Zählung anfängt. Über Anfangspunkt der Skalen findet kein Dispüt statt. Die Frage ist hier bloß, von *wo* muss ich ausgehen im Jahr 1799. um den größtmöglichen Nutzen zu stiften. Folge ich dieser Regel nicht und wähle einen andern Anfangspunkt so gewinne ich vielleicht Einen guten spekulativen Kopf und verliere dagegen 100, die im 19ten Jahrhundert selbst dazu würden beigetragen haben eine Menge zu jenem einzigen zurück zu bewegen. – Oder gleich so (überlegt) Es verhält sich mit dem Anfangspunkt unsrer Naturphilosophen wie mit dem vom Thermometer pp.

Ich bin nicht ungeneigt zu glauben, dass es künftig noch einem verschmitzten Denker gelingen wird seinen Skeptizismus über die mathematischen Wissenschaften zu verbreiten. Ja, die Wahrheit zu sagen, so zweifle ich gar nicht mehr daran. Und warum sollte ich zweifeln, da wir überall Grenzen unsers Wissens notwendig finden müssen, und folglich Unsicherheit, so bald wir uns darauf einlassen zu erklären, wie dieses möglich ist und warum es möglich ist. Und wenn wir nicht von einem gewissen *allgemein anerkannten* Punkt einer Skale ausgehen wollen, bloß anerkannt. Euklid geht von dem gemeinen Menschen-Sinn aus, und das sind seine Axiomata. Dass zwischen zwei Punkten nur *eine* gerade Linie möglich ist, ist ein Grundsatz ihn zu erweisen ist unmöglich, ob er wohl gleich nach einer andern Vorstellungs-Art möglich sein müsste. Denn sind nicht alle Kreisbogen deren radii = ∞; ∞^2; ∞^3 gerade Linien, die durch dieselben Punkte gehen. Also gibt es unzählige grade Linien, die zwischen 2 Punkten möglich sind. Oder hängt die Rechnung des Unendlichen nicht mit Euklids Elementen zusammen, dann wehe uns allen, wenn wir nicht sagen: *hier wollen wir anfangen zu zählen.* – Ich glaube es ist gnug sich mit der Ungewissheit an *einer* Seite des Anfangs der Abszissen zu begnügen, ohne uns mit den Schwierigkeiten von der andern zu früh zu bemengen. Lasst andere unsere Seele studieren und andere die Körper-Welt, und so am Ende uns zusammen kommen. Der Anfangspunkt des Zählens des gemeinen Sinns ist freilich kein fixer Punkt, aber im Durchschnitt lässt sich doch so etwas festsetzen, das *ohne Schaden* dafür angesehen werden kann, und auch wirklich zu allen Zeiten dafür angesehen worden ist. Es ist in der Tat traurig, dass man Menschen mit dem Namen von tiefen Denkern belegt, die unser Wissen bis zu jener Grenze zurückführen, und dann Dinge, die an verschiedenen Endpunkten des Begreiflichen liegen, nunmehr auf ein einziges Unbegreifliche zurückbringen wollen. [L – / 852]

Bei dem Compendio ja die Winke nicht zu vergessen: was noch zu tun ist. [L – / 855]

Fragen für alle Reisende, nicht zu vergessen. [L – / 856]

Ich sehe gar nicht ein, wie das sogenannte *Außer uns sein* die Sache begreiflicher machen soll, denn wenn sie dadurch begreiflicher wird, so ist es ja dann doch wieder die *Vorstellung* des *Außer uns seins,* die jene Vorstellung unaufhaltbar begleitet, was sie begreiflich macht. Wir sind genötigt uns so *auszudrücken,* dadurch wird aber gar nicht entschieden von welcher Seite der Zwang liegt. Der Zwang kann ja in uns selbst liegen, so gut als *außer uns,* wovon schon selbst der Ausdruck etwas erbettelt ist. [L 723 / 867]

Übergänge aller Dinge einer Art in andere, das letzte Infusions-Tierchen könnte sehr nahe mit dem ersten Gärungs-Bläschen verwandt sein. Dieses ist eine gute Fundgrube. [L – / 876]

Neue Irrtümer zu erfinden. [L 726 / 886]

Über meinen Fragen-Plan etwas zu schreiben, vielleicht für Prof. Voigt oder für das Archiv der Zeit. [L 735 / 938]

Überall zu betrachten, wie weit das Bienenartige, auch allenfalls Spinnen- und Wespenartige im Menschen geht. (Was der Mensch tut ohne es zu wissen) [L 740 / 956]

Alle Luftprozesse nach verschiedenen Zeitdauern vorzunehmen, besser mit verschiedenen Graden von Langsamkeit, und mit sehr verschiedenen Graden von Mischungen der Ingredienzien. [L – / 970]

[Aus Notizbüchern]

Diesem Dinge (es sei was es wolle) einen andern Namen zu geben. [Noctes 1.7]

Hauptsächlich lächerliche Ähnlichkeiten aufgesucht dadurch ergeben sich auch Ausdrücke. [Rotes Buch p. 11]

so viel als möglich populär vorzutragen, durch Ähnlichkeiten u.s.w. So wie ich schon einmal die Observation erklärt habe. [Rotes Buch p. 38] hier hilft die Übersetzung nicht aus einer Sprache, sondern aus einem Gebrauch in den andern [Rotes Buch p. 69]

Alles Wissenschaftliche Kurz, gedrängt, wahr und proof against the ⟨deepest⟩ sternest criticism. [Copernicus p. 101]

Ja recht vieles von dem physischen unendlich kleinen, oder dem Imperceptiblen nach le Sage. L'Huilier reden davon in s. Buch. Bei allem was wir mit unsern Sinnen beobachten ist. mathematische Genauigkeit unmöglich es müssen also immer infiniments petits negligiert werden

[Compendium 27v.]

Ja, wo nicht jedem Paragraphe doch jedem Abschnitt Fragen anzuhängen über das, was noch vermisst wird.

[Compendium 28v.]

⟨Es ist angenehm zu sehen, wie in Deutschland der philosophische Staat vom despotischen abweicht, und allmählich sich dem politisch englischen nähert. Oberhaus und Unterhaus verträgt mehr Vergleichung, als man Anfangs gedacht haben sollte. Unterhaus: Versuche, Oberhaus Ratifikation der Vernunft. Unterhaus: Versuche und Erfahrung. Oberhaus Zusammenhaltung. Dieses könnte vielleicht noch allgemeiner gemacht werden, einsammeln und sortieren oder so etwas.⟩ [Compendium 28v.]

Es wird nicht nötig sein sich hier in metaphysische Spekulationen einzulassen, genug dass wir außer der Existenz unsres Geistes auch noch an eine Außenwelt (allg. d. B.) zu glauben berechtigt sind und dass aus dem Verhältnis der Kräfte und Gesetze unsres Geistes und der Gegenstände der Anschauung in uns Vorstellungen von der Körper-Welt entstehen. Wie viel von jener Vorstellung der Einrichtung unsres Geistes, wenn ich so reden darf und wieviel der Außenwelt zugehöre ist schwer aus zu machen, das beiden aber etwas zugehöre ist wohl unleugbar. (Sie werden nach den Regeln unsres Denkens und Empfindens oft zu andern Gestalten umgebildet. Auch gehören wohl selbst dem Raum und der Zeit bestimmende Umstände in der Außenwelt zu. Ein objektives Fundament in den Außendingen.[)]

[Compendium 29v.]

Es ist ungemein schwer, und erfordert Kenntnis der Welt so wohl als seiner selbst, in allen Dingen das gehörige Maß zu halten, um nicht eine Frucht zu gebären, die die Monstrositäten des Vaters, hier stark und dort schwach an sich trägt. Wo man sich zu stark fühlt muss man anhalten, und arbeiten, wo das nicht ist. Nur keine Monstra.

[Compendium 30v.]

Es ist der eigentlichen Physik nicht bloß darum zu tun wie eine Sache *möglich* sei, sondern ob sie *wirklich* sei. NB.

[Compendium 31v.]

Es könnte vielleicht eine eigene Betrachtung über die Instrumente eingeschaltet werden, darin hauptsächlich gehandelt würde, dass sie nicht zu zusammen gesetzt sein müssen, oder Zeit und Umstände kosten. Man muss die Menschen nehmen wie sie sind. [Compendium 31v.]

Es ist jetzt eine Physik eingerissen, deren Zustand nicht der vorteilhafteste ist, Leute die sich [auf] Buchstabenrechnung verstehen ohne den eigentlichen philosophischen Geist, der keine Kenntnis gering schätzt, verachten den einzigen wahren Weg die Natur zu erforschen: Versuche.

Es ist zuweilen recht gut, denn ihre Versuche würden wie ihre Rechnung mehr verwirren, als aufklären

[Compendium 31v.]

Erläuterung des zu oben p. 8 unten gesagten[:] So wie Kant, welchem es in seinem Werke hauptsächlich um Untersuchung des Erkenntnisvermögens in Rücksicht auf richtigen Vernunftgebrauch zu tun war, den allgemeinen Begriff von Vorstellung überhaupt unentwickelt gelassen hat, wiewohl er den Weg dazu bahnte. Daher er noch immer von *Empfangen* und *Hervorbringen* der Vorstellung spricht, da sich doch nur der *Stoff* der Vorstellung empfangen und nur die *Form* hervorbringen lässt. (Im Vorbeigehen merke ich nur an dass HE. Prof. Reinhard in s. Theorie des Vorstellungsvermögens sehr viel weiter als Kant ausgeholt hat, und durch Entwickelung des Begriffs von Vorstellung auf das einzige allgemein eingestandenen Prinzip der Philosophie gekommen sein will, und zwar findet er es in dem Bewusstsein, welches jeden Nachdenkenden den Satz zu unterschreiben nötigt, *dass er die bloße Vorstellung vom Vorgestellten und Vorstellenden unterscheiden* und gleichwohl auf beides beziehen müsse. Aus diesem Grund, den weder *Materialist* noch Idealist noch selbst der *dogmatische Skeptiker* in Anspruch nehmen kann hat er seine ganze Theorie des V. Vermögens gebaut. (S. Litter Zeit. Intelligenzblatt No 137. 1789) Un[d] so gerät man freilich auf Formen von Sinnlichkeit, Verstand, Vernunft. (*denken, empfinden, erkennen* nachzusehn.)

[Compendium 32v.]

Sich bei seinem Philosophieren bis auf das Zurückziehn, was unmittelbar in die Haushaltung taugt und sogleich zu Geld gemacht werden kann, ist nur ein besonderer Fall davon. Wir müssen so weit gehen als wir können, und nur in so fern ist man entschuldigt, wenn man sich nicht einlässt, wenn man eingesteht, dass man nur einige Kapitel traktieren wollte. [Compendium 33r.]

Über die Art wie Physik betrieben wird. Man baut Observatoria oft ohne großen Vorteil [Compendium 33r.]

Man hat auf 20erlei Erscheinungen in der Natur durch Elektrizität erklärt, und nur von einer einzigen hat man überzeugende Beweise. Der unphilosophische Bertholon de l'Electricité des météores ist besonders glücklich in diesem heillosen Geschäft. [Compendium 33v.]

Siehe hierüber Seite 18. [= Compendium 34v.] Es ist nicht ausgemacht dass alle Materie gleich schwer ist ja es ist gar nicht einmal wahrscheinlich da wir schon an den elastischen Flüssigkeiten sehen, dass sie mehr deswegen beisammen bleiben, weil sie von einem dritten gezogen werden, als weil sie sich untereinander selbst ziehen. Auch könnte es Körper geben die von manchen gar nicht gezogen würden. Vielleicht ist dieses eine Eigentümliche Beschaffenheit der elast. Flüssigkeiten. Z.B. Körper die gar nicht gegen unsre fallen würden, wenn kein Wasser in denselben enthalten wäre und am Ende sehe ich gar nicht ein warum nicht die Luft zuweilen stärker drucken könne zu einer Zeit als zur andern, so wie die Magnet-Nadel verschiedentlich abweicht, aus Veränderungen in unsrer Erde, könnte ja wohl unsre Luft zuweilen schwer machen. Barometer pp. cum grano salis intelligendum [Compendium 33v.]

Requisiten eines guten Lehrbuchs

Gute und leicht zu übersehende Ordnung, deutlicher Vortrag, höchst präziser Ausdruck, gnaue Anzeige aller zum Hauptzweck und Gegenstand gehörigen Stücke, Vermeidung aller Übergänge in Nebenfächer und endlich eine Kürze, bei welcher weder Deutlichkeit noch Vollständigkeit verliert. – Was hier von dem Ganzen gesagt ist gilt wieder von jeder Abteilung und Unterabteilung.

In ein Lehrbuch: Viele Sachen in den wenigsten Worten; mehr Litteratur als Räsonnement, unumschränkte Wahrheitsliebe und Bescheidenheit Reichhaltige Kürze, mehr abgebrochene Sätze als zusammenhängendes Räsonnement. Döderleins Moral wird empfohlen. [Compendium 34r.]

Es verrät große Unmündigkeit in der Philosophie, wenn man sich vor dem Abgrund fürchtet wem es schwindelt der bleibt freilich am besten weg, er wehre es aber andern nicht einmal dahin zu sehen [Compendium 34r.]

Eigentlich ist [es] doch nur bloß die Trägheit, wodurch wir von der verhältnismäßigen Menge der Materie in einem Körper Begriffe bekommen. Denn wer will mir geometrisch beweisen, dass in einem Kubikfuß Luft nicht eben so viel Materie vorhanden sei, als in einem Kub Fuß Gold. Dass wir dieses nicht glauben rührt bloß daher, dass es uns leichter ist zu begreifen, dass wegen der Porosität der Körper ihr Volumen nicht das Maß der Menge der Materie sein könne, als dass die Trägheit der letzten Teilchen der Materie veränderlich sein können. [Compendium 34v.]

Man muß etwas neues machen um etwas neues zu sehen.

[J 1310 / 1770]

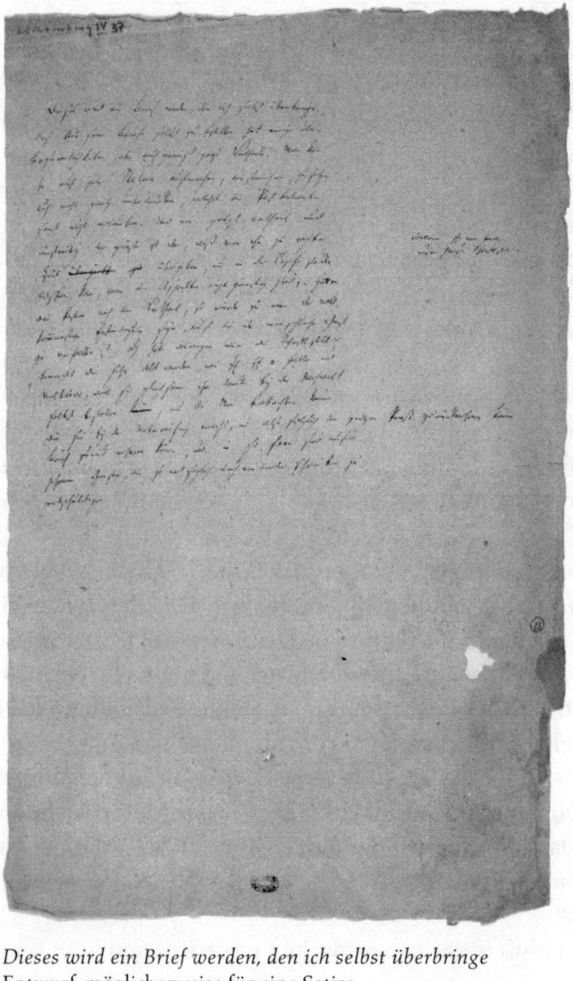

Dieses wird ein Brief werden, den ich selbst überbringe
Entwurf, möglicherweise für eine Satire

IV

»Dieses wird ein Brief werden, den ich selbst überbringe«

Satirisches und Parodistisches aus den Sudelbüchern und Briefen

Dieses wird ein Brief werden, den ich selbst überbringe. Diese Art seine Briefe selbst zu bestellen hat einige Unbequemlichkeiten, aber auch gewiss große Vorteile. Man kann ihn auf jeder Station aufmachen, ausstreichen, zusetzen auch wohl ganz unterdrücken, welches die Post-Bedienten sonst nicht erlauben. Und ein Hauptvorteil und unstreitig der größte ist der, dass man ihn zu rechter Zeit übergeben, und in der Tasche stecken lassen kann, wenn die Aspekten nicht günstig sind. Hätten die Posten noch den Vorteil, so würde sie eine der vollkommensten Erfindungen sein, auf die der menschliche Geist je verfallen ist. Ich habe deswegen immer die Schriftsteller beneidet die sehr alt werden, wie Z[um] E[xempel] HE[rr] v. Haller und Voltaire, weil sie gleichsam ihre Werke bei der Nachwelt selbst bestellen, und die Miene beobachten können die sie bei der Überreichung macht, und also folglich den ganzen Brief zurück nehmen können, und in so fern sind unsere schönen Geister, die so entsetzlich durcheinander schreiben zu entschuldigen.

[Joost 1993, 293 ff.]

Romane. Unsere Lebens-Art ist nun so simpel geworden, und alle unsere Gebräuche so wenig mystisch, unsere Städte sind meistens so klein, das Land so offen, alles ist sich so einfältig treu, dass ein Mann der einen deutschen Roman schreiben will fast nicht weiß wie er Leute zusammenbringen oder Knoten knüpfen soll. Denn da die Eltern jetzt in Deutschland durchaus ihre Kinder selbst säugen, so fallen die Kindervertauschungen weg, und ein Quell von Erfindung ist verstopft, der nicht mit Geld zu bezahlen war. Wollte ich ein Mädchen in Mannskleidern herumgehen lassen, das käme gleich heraus und die Bedienten verrieten es noch ehe sie aus dem Haus wäre, und außerdem werden unsere Frauenzimmer so weibisch erzogen, dass sie gar das Herz nicht haben so etwas zu tun. Nein fein bei der Mama zu sitzen, zu nähen und zu kochen um selbst eine Koch- und Näh-Mama zu werden, das ist ihre Sache, es ist freilich kommode für sie, aber eine Schande fürs Vaterland, für die Romanenschreiber eine unüberwindliche Hindernis. Ferner glaubt man in England, dass, wenn zwei Personen von einerlei Geschlecht in demselben Zimmer schlafen, ein Kerkerfieber unvermeidlich ist, deswegen sind die Personen in einem Hause des Nachts am meisten getrennt, und ein Schriftsteller darf nur sorgen wie er die Haustüre offen kriegt, so kann er in das Haus lassen wen er will, und er darf nicht sorgen, dass jemand aufwacht als wen er braucht. Ferner da in England die Schornsteine nicht bloß Rauch-Kanäle, sondern hauptsächlich die Luftröhren der Schlafkammern sind, so geben sie zugleich einen vortrefflichen Weg ab unmittelbar und ganz ungehört in jede beliebige Stube des Hauses zu kommen, ja so bequem dass ich mir habe sagen lassen, dass wer einmal einen Schornstein auf und abgestiegen sei, ihn fast einer Treppe vorzöge. In Deutschland käme ein Liebhaber schön an, wenn er einen Schornstein hinab klettern wollte, ja wenn er Lust hat auf einen Feuerherd, oder in einen Waschkessel mit Lauge, oder in die Antichambre von 2 bis 3 Öfen zu fallen, die man wohl gar von innen nicht einmal aufmachen kann. Und gesetzt man wollte einen Liebhaber so in die Küche steigen lassen, so ist die Frage, wie bringt man ihn aufs Dach? Die Kater in Deutschland können diesen Weg wohl zu ihren Geliebten nehmen, aber nicht die Menschen. Hingegen in England formieren die Dächer eine Art von Straße, die zuweilen besser ist, als die an der Erde, und wenn man auf einem ist, so kostet es nicht mehr Mühe auf das andere zu kommen, als über eine Dorf-Gosse im Winter zu springen. Man will zwar sagen man habe diese Einrichtung wegen Feuersgefahr getroffen, da aber diese sich kaum alle 150 Jahr einmal in einem Hause eräugnen, so stelle ich mir vielmehr vor, dass man es zum Trost bedrängter Verliebten und Spitzbuben für nützlich befunden hat, die sehr oft diesen Weg nehmen, wenn sie gleich noch andere wählen könnten, aber gewiss allemal wenn die Retirade in der Eile geschehen muss, grade so wie etwa die Hexen und der Teufel in Deutschland zu tun pflegen. Endlich eine rechte Hindernis von Intriguen ist der sonst feine und lobenswürdige Einfall der Postdirektoren in Deutschland, durch den eine unzählige Menge von Tugenden des Jahrs erhalten werden, dass sie statt den englischen Postkutschen und Maschinen, in denen sich eine schwangere Prinzessin weder schämen noch fürchten dürfte zu reisen, die so beliebten offnen Mistwagen eingeführt haben. Denn was die kommoden Kutschen in England und ihre vortrefflichen Wege für Schaden tun ist mit Worten nicht auszudrücken. Für das erste, wenn ein Mädchen mit ihrem Liebhaber aus London des Abends durchgeht, so kann sie in Frankreich sein ehe der Vater aufwacht, oder in Schottland ehe er mit seinen Verwandten zu einem Entschluss kommt, so dass daher ein Schriftsteller weder die Feen, noch die Zauberer noch Talismane nötig hat, denn wenn er sein Paar nur bis nach Charingcross oder Hyde park corner bringen kann, so sind sie so sicher als wenn sie in des Weber Maleks Kasten wären.* Hingegen in Deutschland wenn auch der Vater den Verlust seiner Tochter erst am dritten Tage gewahr würde, wenn er nur weiß dass sie mit der Post gegangen ist, so kann er sie zu Pferde immer auf [der] dritten Station wieder kriegen. Ferner bringen Episoden zum Keim die leider nur allzuguten Gesellschaften in den bequemen Postkutschen in England, die immer voll schöner wohlgekleideter Frauenzimmer stecken, und wo, welches das Parlement nicht leiden sollte, die Passagiere so sitzen dass sie einander ansehen müssen, wodurch nicht allein eine höchst gefährliche Verwirrung der Augen, sondern zuweilen eine höchst schändliche zum Lächeln von beiden Seiten reizende Verwirrung der Beine, und daraus endlich eine oft nicht mehr aufzulösende Verwirrung der Seelen und Gedanken erstanden ist, so dass mancher ehrliche junge Mensch der von London nach Oxford reisen wollte zum Teufel gereist ist. So etwas ist nun dem Himmel sei Dank auf unsern Postwagen nicht möglich. Denn erstlich können artige Frauenzimmer sich unmöglich auf einen solchen Wagen setzen, wenn sie sich nicht [in] der Jugend etwas im Zaunbeklettern, Elsternesterstechen, Äpfelabmachen und Nüsseprügeln umgesehen haben, denn der Schwung über die Seitenleiter erfordert eine besondere Adresse und wenig unerfahrene Frauenzimmer können ihn ohne Hosen tun, wenn sie nicht die unten stehenden Wagenmeister und Stallknechte lachen machen wollen. Für das zweite, so sitzt man, wenn man endlich sitzt, so, dass man sich nicht in das Gesicht sieht, und in dieser Stellung können, was man auch dagegen sagen mag, wenigstens Intriguen nicht gut angefangen werden, die Erzählung verliert ihre ganze Würze, und man kann höchstens nur verstehen, was man sagt, aber nicht

* Weber Malek S. den 111ten Tag in den Persischen Märgen

was man sagen will; endlich so hat man auf den deutschen Postwagen ganz andere Sachen zu tun, als zu plaudern, man muss sich fest halten wenn die Löcher kommen, oder in den schlimmern Fällen sich gehörig zum Sprung spannen; muss auf die Äste achtgeben, und sich zur gehörigen Zeit ducken, damit der Hut oder Kopf sitzen bleibt; die Windseite merken, und immer die Kleidung an der Seite verstärken, von der der Angriff geschieht, und regnet es gar, so hat bekanntlich der Mensch die Eigenschaft mit andern Tieren gemein, die nicht in oder auf dem Wasser leben, dass er stille ist, wenn er nass wird, da steht die Unterredung ganz still, und kommt man endlich in einem Wirtshaus an, so geht die Zeit mit andern Dingen hin, der eine trocknet sich, der andere schüttelt sich, der eine kaut seine Brustkuchen und der andere b[l]äht sich den Backen, und was dergleichen Kindereien mehr sind vid. p. LVI [= E 208] (hierüber Vid. Buch F p. 13 [= F 94].) Also fallen die Postkutschen-Intriguen mit den Postkutschen selbst, den rechten Treibhäusern für Episoden und Entdeckungen schlechterdings weg. Aber im Hannöverischen ist ja nun eine Postkutsche, wird man sagen. Gut, ich weiß es und zwar eine die immer so gut ist als eine englische. Also soll man alle Romanen auf dem Weg zwischen Harburg und Münden anfangen lassen, den man jetzt so geschwind zurücklegt, dass man kaum Zeit hat recht bekannt zu werden, und alles was ja die Fremden tun ist, dass sie zum Lob des Königs ausbrechen, der dieses so geordnet hat, oder schlafen, denn sie sind ehe sie in diese Kutsche kommen gemeiniglich im Hessischen, Holsteinischen oder auf dem Eichsfeld so zugerichtet worden, dass sie in der Kutsche glauben sie wären zu Haus oder lägen im Bette. Das sind fürwahr feine Gegenstände für einen Roman, 5 schlafende Kaufleute schnarchend einzuführen, oder ein Kapitel mit dem Lobe eines

Königs anzufüllen, von dem ohnehin Deutschland voll genug ist. Das erstere ist schlechterdings gar kein Gegenstand für ein Buch, und das letztere [für] keinen Roman. Was geht die Romanschreiber das an? Darüber mag Robertson oder Hume oder Gatterer oder Schlözer der Nachwelt so viel vorplaudern als sie wollen. Das gehört gar nicht zur Sache, von der ich durch eure unüberlegten Einwürfe fast gänzlich abgekommen bin. Ja wenn nicht noch zuweilen ein Kloster wäre wo man ein verliebtes Paar unterbringen könnte, so wüsste ich mir keinen eigentlichen deutschen Roman bis auf die 3te Seite zu spielen. Und wenn es einmal keine Klöster mehr gibt, so ist das Stündchen der deutschen Romane gekommen. Die Fortsetzung s. unten S. LVI [= E 208]. [E 151 / 152]

Hierbei kommt noch ein Umstand in Betrachtung der auch alle freundschaftliche Mischung der Gesellschaft in den Wirtshäusern unmöglich macht. Nämlich weil die Postwagen-Reisen mit so vielen Trübsalen verbunden sind, so hat man dafür gesorgt, dass die Wirtshäuser noch um so viel schlechter sind, als nötig ist um den Postwagen wieder angenehm zu machen. Ja man kann sich nicht vorstellen, was das für eine Wirkung tut. Ich habe Leute die zerstoßen und zerschlagen waren und nach Ruhe seufzten, als sie das Wirtshaus sahen, wo [sie] sich erquicken sollten, sich mit einem Edelmut entschließen sehen weiter zu reisen, der wirklich etwas Ähnliches mit jenem Mut des Regulus hatte, der ihn nach Karthago zurückzugehen stärkte, ob er gleich wusste, dass man ihn dort in eine Art von deutschem Postwagen setzen und so den Berg herunter rollen lassen würde. Ferner haben wir in Deutschland allgemeine Gebete, aber keinen allgemeinen Fluch, und kein Schimpfwort, das überall gilt, und keinen Galgen, den man überall kennt. In dem letztern Umstand geht man recht bis zum Einfältigen weit, da man zu Tyburn alles aufknüpft, was sich in dem millionenvollen Middlesex hängensfähig macht, so hat in Deutschland nicht allein fast jedes Dorf seinen Galgen, sondern in großen Städten hat die Bürgerschaft einen eignen Galgen, und die andern einen eignen, und ich fürchte dass man endlich um unsern Ausdrücken alle Kraft von daher zu verwässern Familien-Flüche erfinden und Familien-Galgen errichten wird. [E 207 /208]

An Johann Christian Dieterich

[Osnabrück, etwa 15.1.1772]

[...] Ich weiß nicht ob Du den großen gelben Hosenknopf gekannt hast, den ich voriges Jahr zu oberst an meinen Hosen trug. Es war der einzige metallene an meinem ganzen Leibe. Er hat mich nie verlassen, seit 1769 versah er diese Stelle mit einer für einen Hosenknopf bewundernswürdigen Treue und Ernst. Da ich hier merkte dass ihm der Dienst sauer wurde, so adjungierte ich ihm einen neuen Modeknopf, der ehmals auf Swantons Uniform gesessen hatte, das Regiment liegt jetzt in Minorca. Dieses nahm er übel. Im Dezember fing er an zu klagen und den Kopf zu hängen und gestern Nachmittag zwischen 3. und 4 zerriss das Band das uns über 3 Jahre an einander geknüpft hatte, ich meine die Saite im Holz und er lag vor mir auf der Erde. Ich nahm den armen Teufel auf und sah ihn eine Zeitlang an mit einem Mitleid als wenn er mein NebenGeschöpf gewesen wäre. Habe Dank, sagte ich ihm, erster unter den Knöpfen, für Deine Dienste. Wer weiß ob ich nun nicht ewig die Hosen heben muss. Ruhe sanft, ein Philosoph erkennt Deinen Wert, und damit flog er in einen

Bach, der unter meinem Fenster wegfließt, so dichterisch als je einer in einem Liedchen gemurmelt oder gerieselt hat.

Wandrer, sieh diesen Hosenknopf, den treusten seines Geschlechts, an, statt über dieses Lob zu lachen, so fühle erst, ob Dir der Deinige noch festsitzt, und gehe weiter. […]

An Johann Christian Dieterich

Hannover, 11.3.1772

[…] Was Du Gevatter von belegten F++z++ sprichst verstehe ich nicht und bitte ich mir eine Erklärung aus, oder ich befrage meinen Bruder über diese Tironianische Note, die mir nicht viel gutes verspricht. Wenn das z nicht drinnen wäre so wollte ich wohl eine Erklärung finden, aber Wörter die sich mit einem F anfangen und in welchen ein z ist kenne ich, oder besinne ich mich noch zur Zeit nur auf vier, Fratzen, Franzosen, Frauenzimmer und dann eines das mir die Schamhaftigkeit zu nennen verbieten würde, wenn mir nicht Gelehrsamkeit lieber wäre als Schamhaftigkeit und das ist Fürze, doch am Rhein haben wir eins, das auch beim Bergbau gebraucht wird Flötze, farzen wird hier nicht mitgerechnet. Also welches hast Du gemeint, Ich denke fast aus den Zusammenhang musst Du Frauenzimmer gemeint haben, aber mein Himmel warum schreibst Du Frauenzimmer mit Sternchen? Du kommst mir vor wie der Bauer der einmal wider meinen Bruder sagte: Ich habe den Mann gekannt wie er noch, mit Respect zu sagen, keinen Laib Brot im Hause hatte. […]

An Johann Christian Dieterich

[Hannover, 8.(?)–9.4.1772]

[...] Mit meiner Messkunst für Eheleute, an der ich zuweilen schrieb, wenn ich einmal ganz für mich lachen wollte, hat es neulich ein seltsames Ende genommen. Ich wollte mir ein Buch nähen: Heinrich, sagte ich, gebe er mir eine Nadel, Zwirn habe ich, der Kerl ist ein Schneider, und hat Nadeln und Zwirn immer bei sich. Was für eine, Herr Professor. Eine für meinen Zwirn, Heinrich. Hier ist eine Herr Professor. Aber, Wetter, in diese Nadel bringe ich den Zwirn nicht, das Öhr ist viel zu klein. Sie müssen ihn einmal mit den Fingern spitz drehen, so geht es, Herr Professor. Nicht doch, die Nadel gefällt mir, aber gebe er mir bessern Zwirn, der geht nicht. Können Sie diesen brauchen, der ist feiner. Heinrich, der ist zu fein, der taugt zum Bücher nähen nicht, eine größere Nadel, geschwind, und den alten Zwirn, ich kann da nicht stundenlang einfädeln. Ja aber Herr Professor, wenn Sie es so machen wollen, so werden Sie in Ewigkeit nicht welche treffen, die so sind, wie Sie sie haben wollen, es kommt auf den Vorteil an so kann man sie alle brauchen. Heinrich, sagte ich, nehme er einmal das Büchelchen dort, ich habe es geschrieben und stecke er es in den Ofen. Warum das, Nichts, es steht etwas drinnen, das ich noch gestern für neu hielte, aber ich sehe es ist nichts neues unter der Sonne, man weiß alles schon, und damit flog die Messkunst für Eheleute in den Ofen. [...]

An Johann Christian Dieterich

[Göttingen, kurz vor 23.8.1774]

Sir

Mich fällt so eben ein, da ich mir an gestern Abend erinnere, Dich zu sagen, dass der Huhn in der Gelee und ich außer derselben diesen Abend wirklich zu Dich kommen werden, wo ich mich die Ehre Deines Zuspruchs ausgebitt haben will. Deiner Frau Liebst kannst Du gesag, dass sie mich auch das linke Aug blau geschlagen hat, dass ich ihr diesen Abend nur mit dem Rechten muss anguck, und dass ich sie ein Barbier Conto mitgebring will. Was den sagt Sie Gotts Bl....z sag ich, und bin

Euer Diener

G. C. Lichtenberg am 6ten Tage vor der Abreise.

An Friederike Baldinger

[Göttingen, 1777]

Silhouetten.

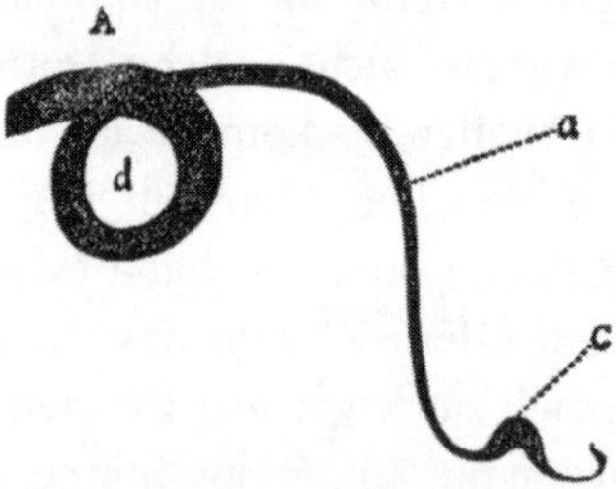

Fragment von Schwänzen.

1) Heroische, Kraftvolle.

A. ein Sauschwanz.

B. Englischer Doggen Schwanz.

A. Wenn du in diesem Schwanze nicht siehst, lieber Leser, den Teufel in Sauheit, (obgleich hoher Schweinsdrang bei a) nicht deutlich erkennst den Schrecken Israels in c, nicht mit den Augen riechst, als hättest du die Nase drinn, den niedern Schlamm in dem er aufwuchs bei d, und nicht zu treten scheinst in den Abstoß der Natur und den Abscheu aller Zeiten und Völker, der sein Element war – so mache mein Buch zu; so bist du für Physiognomik verlohren.

Dieses Schwein, sonst gebohrnes Ur-Genie, luderte Tage lang im Schlamm hin; vergiftete ganze Straßen mit unaussprechlichem Mistgeruch, brach in eine Synagoge bei der Nacht und entweihte sie scheußlich; fraß, als sie Mutter ward, mit unerhörter Grausamkeit drei ihrer Jungen lebendig, und als sie endlich ihre kannibalische Wut an einem armen Kind auslassen wollte, fiel sie in das Schwert der Rache, sie ward von Bettelbuben erschlagen, und von Henker Knechten halb gar gefressen.

B

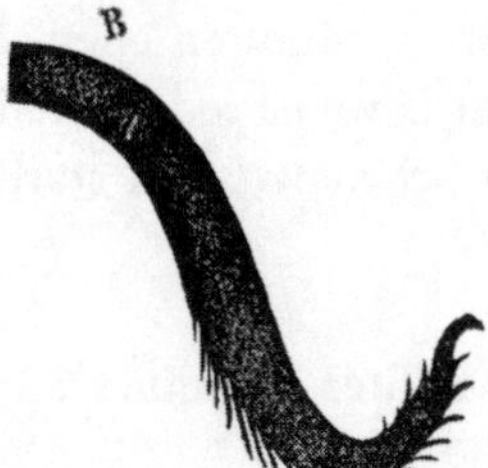

B. Der du mit menschlichem warmem Herzen die ganze Natur umfängst, mit andächtigem Staunen dich in jedes ihrer Werke hineinfühlst, lieber Leser, teurer Seelenfreund, betrachte diesen Hundeschwanz und bekenne, ob Alexander, wenn er einen Schwanz hätte tragen wollen, sich eines solchen hätte schämen dürfen. Durchaus nichts weichlich-hundselndes, nichts Zucker-knapperndes, winziges Wesen. Überall Mannheit, DrangDruck, hoher erhabener Bug und ruhiges, bedächtliches, Kraftherbergendes Hinstarren, gleichweit entfernt von untertänigem Verkriechen zwischen den Beinen und Hühnerhündischer, Wildwitternder, unschlüssiger Horizontalität. Stürbe der Mensch aus, wahrlich der Szepter der Erde fiele an diese Schwänze. Wer fühlt nicht hohe an menschlicher Idiotität grenzende Hundheit in der Krümmung bei a. An Lage wie nah der Erde, an Bedeutung wie nah dem Himmel. Liebe, Herzens-Wonne. Natur wenn du dereinst dein Meisterstück mit einem Schwanz zieren willst, so erhöre die Bitte deines bis zur Schwärmerei warmen Dieners, und verleihe ihm einen wie B.

Dieser Schwanz gehörte Heinrich des VIII^{en} Leibhund zu. Er hieß Caesar, und war Caesar. Auf seinem Halsband stund das Motto: aut Caesar, aut nihil mit goldnen Buchstaben, und in seinen Augen eben dasselbe weit leserlicher mit Feuer. Seinen Tod verursachte ein Kampf mit einem Löwen, doch starb der Löwe 5 Minuten eher als Caesar. Als man ihm zurief Marx der Löwe ist tod, so wedelte er dreimal mit diesem verewigten Schwanze, und starb als ein gerochner Held.

Molliter ossa quiescant.

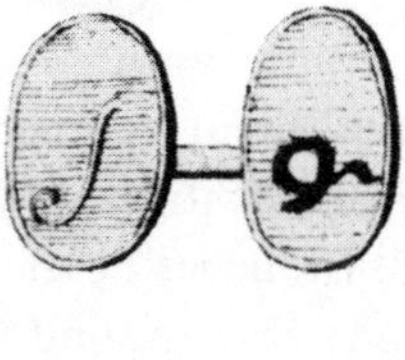

C. Silhouette vom Schwänze eines, leider! zur Mettwurst bereits bestimmten Schweins-Jünglings in G... von der größten Hoffnung, den ich allen warmen, elastischen, beschnittenen und unbeschnittenen Genie ausbrütenden Stutzern, von Mensch- und Sauheit, bittewimmernd empfehle. Fühlts, hörts! und Donner werde dem Fleischer, der dich anpackt.

Noch zur Zeit nicht ganz entferkelt; mutterschweinische Weichmut in schlappen Hang und läppische Milchheit in der Fahnenspitze. Aber doch bei p schon keimendes Korn von Keilertalent; ja, wäre bei m nicht sichtbarlich städtische Schwäche und mehr Spickespeck, als Haugeist, und wäre unter dem Schwanz bei o minder Rauchkammer als Ruhms Tempel, und minder Mettwurst als Triumph, so sagte ich: dein Ahnherr überwand den Adonis, und der Ebergeist des Herkules-Bekämpfers ruht auf deinem Schwanz.

Einige Silhouetten von unbekannten meist tatlosen Schweinen.

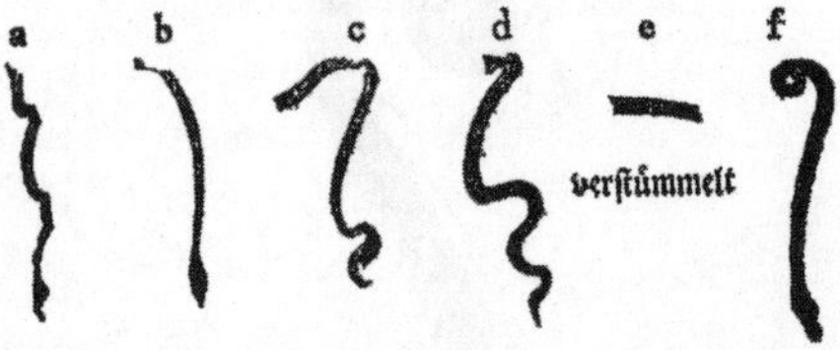

a, Schwach arbeitende Tatkraft; b, physischer und moralischer Speck; c, unverständlich entweder monströs oder Himmelsfunken lodernder Keim vom Wanderer zertretten; d, vermutlich verzeichnet, sonst blendender, auffahrender Eberblitz; f, Kraft mit Speck vertatloset.

Acht Silhouetten von Purschenschwänzen zur Übung.

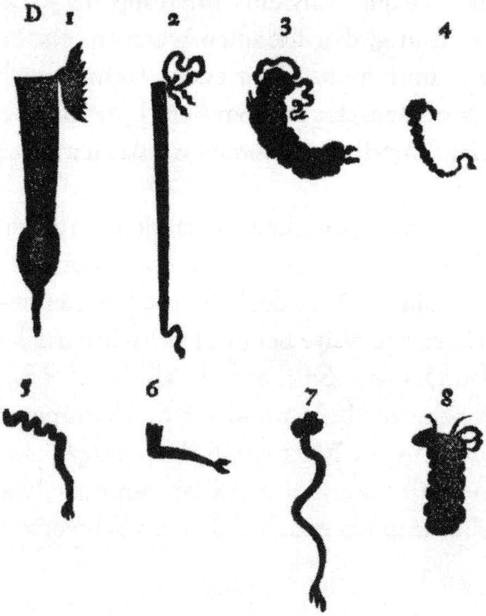

Erklärungen:

1) Ist fast Schwanz Ideal. Germanischer, eiserner Elater im Schaft; Adel in der Fahne; offensivliebende Zärtlichkeit in der Rose; aus der Richtung fletscht Philistertod und unbezahltes Conto. Durchaus mehr Kraft als Besonnenheit.
2) Hier überall mehr Besonnenheit als Kraft. Ängstlich gerade, nichts Hohes, Aufbrausendes, weder Newton noch Rüttgerot* süßes Stutzerpeitschchen, nicht zur Zucht, sondern zur Zierde, und zartes Marzipanherz ohne Feuer Puls. Ein Liedchen sein höchster Flug, ein Küsschen sein ganzer Wunsch.
3) Eingezwängter Fülldrang. Eine Pulvertonne unter einem Feuerbecken vergessen. Wanns auffliegt, füllts die Welt. Edler, vortrefflicher Schwanz, englisch in beiderlei Verstand. Schade, dass du von sterblichem Nacken herabstarrst. Flögst du durch die Himmel, die Kometen würden sprechen: welcher unter uns will es mit ihm aufnehmen. Studiert Medizin.
4) Satyrmäßig verdrehte Meerrettichform. Der Kahlköpfigkeit letzter Tribut, an Schwanzheit bezahlt. Alte Feldmarschallskraft, zu Fähndrichs Natur aufpomadet, aufgekämmt und aufaffektiert. Kampf zwischen Natur und Kunst, wo beide auf dem Platz bleiben. Strecke du das Gewehr armer Teufel, und lass die Perücke einmarschieren.
5) An Schneidergesellheit und Lade grenzende schöne Litteratur. In dem scharfen Winkel, wo das Haar den Bindfaden verlässt, wo nicht Göthe, doch gewiss Beth-

* Rüttgerott war ein Mörder, der zu Einbeck vier Meilen von Göttingen gerädert wurde. S. Lavaters große Physiognomie.

ge* hoher Federzug mit Nadelstich. Polemik in der horizontalen Richtung, Freitisch in der Quaste. In der fast zu dünne gezeichneten Wurzel Winzigkeit mit Hände reibender Pusillanimität. Informiert auf dem Klavier.

6) Sicherlich entweder junger Kater oder junger Tiger, mit einem Haar Übergewicht zum letztern.

7) Abscheulich. Ein wahrhaftes Pfui! Wie kannst du an einem Kopf gesessen haben, den Musen geheiligt. Im trunkenen Streit musst du vielleicht einmal irgend einem Badergesellen oder Stadtmusikanten entrissen und aus Triumph an Purschenhaar geknüpft sein. Elendes Werk, nicht der Natur, sondern des Seilwinders. Hanf bist du, und als Hanf hättest du dich besser geschickt, den Hals deines Geschmacklosen Besitzers an irgend einem Galgen zu schnüren.

8) Heil dir und ewiger Sonnenschein, glückseliges Haupt, das dich trägt. Stünde Lohn bei Verdienst, so müsstest du Kopf sein, vortrefflicher Zopf, und du Zopf beglückter Kopf. Welche Güte in den seidenen zarten Abhang, wirkend ohne Hanf herbergendes maskierendes Band, und doch Wonne lächelnd wie geflochtene Sonnenstrahlen.

So weit über selbst gekrönte Haarbeutel als Heiligenglorie über Nachtmütze.

Sechs solcher Schwänze in einer Stadt, und ich wollte barfuß deine Tore suchen, du Gesegnete, die Schwelle deines Rathauses küssen und mich glücklich preisen mit meinem eignen Blut unter die Zahl deiner letzten Beisassen eingezeichnet zu werden.

* Bethge war der berühmteste Schneider zu Göttingen, zu seiner Zeit.

Fragen zur weitern Übung.

Welcher ist der kraftvolleste?
Welcher hat am meisten Tatstarrendes?
Welcher Schwanz wird schwänzen?
Welcher ist der Jurist? der Mediziner? der Theologe?
der Weltweise? der Taugenichts? der Taugewas?
Welcher ist der verliebteste?
Welcher alterniert mit dem Haarbeutel?
Welcher hat den Freitisch?
Welchen könnte Göthe getragen haben?
Welchen würde Homer wählen, wenn er wieder käme?

An Albrecht Ludwig Friedrich Meister

[Göttingen, 30.12.1777]

Ew. Wohlgeboren schicke hier
Das gestern Abend versprochne Bier.
Obs gut ist kann voraus nicht wissen
Hätt erst draus selber trinken müssen.
Aus einer Flasche Gestalt und Gesicht
Erkennt mans Bieres Güte nicht. NB.
So wie sie da im Keller stehn,
Sie sich wie Eier ähnlich sehen.
Nach diesem Hieb auf HE.[rrn] Lavater
Setz ich ein Paar Trink-Regeln her
Champagner bessert man mit Schütteln
Allein das Bier verdirbt vom Rütteln.
So wies dem Trinker Ruhe gibt
Just so es selbst die Ruhe liebt.
Und kommt es einmal ins Gezitter
So schmeckts von oben bis unten bitter.
Ist zwar an sich nicht ungesund

Betrübt nur gar sehr Zung und Mund.
Auch stellen Sie's nicht bein Ofen hin,
Warum? Es ist ein Mob'le drinn.
Im Kalten ruht es sonder Zweifel,
Im Warmen springts wie 1000 Teufel.
Denn eine Bouteille Burton-Ale
Ist Glas und Bier wie Leib und Seel,
Und manchen, der die Seel vertragen,
Hat oft der Leib maustot geschlagen
Es tobt alsdann wie Nit'r und Sulphur
Man könnts wohl nennen fließend Pulver.
Ferner eh' man sich zum Trinken rüst
Der Korkzieh'r wohl die Hauptsach ist.
Denn ohne diesen geht's nicht raus
Und käm mit Gabeln das ganze Haus.
Ratio? die lässt sich nicht verstehn
Ohn in Mathesin neinzugehn:
NB. Die Korke bestehen insgemein
Aus einem Kegel, diese aus zwein,
Die mit den abgestumpften Spitzen
An einem Stück zusammen sitzen,
Dadurch bekommen sie die Figur
Praeter propter von einer Sanduhr.

Eben so ist die Flasche gegossen
Daraus wird dann nun Folgends geschlossen:
Dass der Kork erst dichter werden muss,
Aus diesem gibt sich ein zweiter Schluss:
Dass, gäbe der Kork nicht endlich nach,
Man ziehn könnt bis an den jüngsten Tag.
Zum Schluss wünsch' guten Appetit
Und schick den Jungen fort damit

GCL.

Etwas über den Nutzen und den Cours der Stockschläge, Hiebe etc. bei verschiedenen Völkern, im Göttinger Taschen Calender für 1781, S. 92.
[...] Karl der Große hat in seiner Gesetzsammlung ein gewissen Hieb- und Prügel Tarif mit beigesetzten Strafen eingerückt. Ein Gesetz klingt ohngefähr so: Wer einem Priester ein Stück vom Hirnschädel abschlägt von der Größe, dass man damit einen Schild von Erz anschlägt, man den Schall drei Schritte weit hören kann, so bezahlt er dafür 5 Stüber. [...]

An Albrecht Ludwig Friedrich Meister

[Göttingen, 3./4.(?)9.1782]

[...] Was war das für ein Mann, dessen äußerst gut getroffenes Bildnis hier beiliegt.

Was für eine Richtung hat die Kraft bei ihm genommen, die so sichtbar um die Nase schwebt, was für eine die Tätigkeit, die mit Flintenschlosses Spannung im Auge lauert, und nur auf Kornes-Allignierung und auf den Druck des Zäpfchens wartet? Gestochen ist schon, es bedarf nur des Hauches der Gelegenheit so geht alles los.

War der Mann, ein Künstler oder ein Dichter, der Howard oder der Cartouche seines Volks, Gassner oder Lamettrie, Rüttgerod oder Boerhave?

Beiliegendes versiegeltes Zettulchen enthält die Auflösung, die nach Belieben eröffnet werden kann, aber doch sogleich nicht. [...]

Motto

Nach viertelstündigem Bedacht
Wird dieser Zettul aufgemacht.

Johann Hermann Simmen wurde am vergangenen Freitage an einem Ort drei Meilen von Gotha lebendig und langsam gerädert, weil 9 Mordtaten auf ihn gebracht worden sind. Das Kind einer Verwandtin, die er ebenfalls ermordet hat, nahm er beim Bein und schlug es mit dem Kopf an den Ofen und ließ es für tot liegen. Es kam aber wieder zu sich nur war ihm das eine Auge ausgeschlagen, und befindet sich jetzt im Hospital zu Gotha. Der Herzog hat ihn zeichnen lassen, und sein Leben wird beschrieben. Den Mund abgerechnet, worin mir das Pfeifenwollende nicht gefällt, soll das übrige wohl HE.[rrn] Lavater viel zu schaffen machen.

An Johann Andreas Schernhagen

Göttingen, 5.9.1782

[...] Hier habe ich die Ehre Ew. Wohlgeboren das äußerst gut getroffene Porträt eines Obersächsischen Original-Kopfs, als ein physiognomisches Rätsel zu übersenden. Wenn Ew. Wohlgeboren Lavaters 4 Quartanten studiert haben, wie ich denn nicht zweifle, dass Sie dieselben verbotenus auswendig wissen. So werden Sie an dem Bug der Stirne nicht verkennen das hohe Dichter Genie des künftigen Sängers der Independenz von Amerika und erhabnen Schleichhändler-Talent. Über der Nase schwebt sichtbarlich Atmosphäre von Künstler-Drang und Zweckbohrender steifer Entschlossenheit. Im Auge liegt Flintenschloss-Spannung wartend nur auf den Finger der Gelegenheit, der losdrückt, gestochen ist schon. Nun was war der Mann?

Ist er ein Erretter seines Volks?

Oder Volksdichter?

Oder Schwärmer?

Oder Mörder? oder Longitudinist, oder Zirkulquadrierer, oder Urin- oder Silhouetten-Beseher; Karrengefangener oder Professor Philosophiae?

Die Auflösung liegt in versiegeltem Zettul bei, den ich aber nicht eher zu eröffnen bitte, bis Ew. Wohlgeboren etwas geraten haben. [...]

Johann Hermann Simmen, vormals Unteroffizier in Preußischen Diensten, wurde am vergangenen Freitag den 30. Aug. in einem Städtchen bei Gotha von unten herauf gerädert, nachdem er 9 verschiedener Mordtaten überführt und wegen noch 4 anderer in Verdacht gewesen ist. Den letzten Mord beging er an seiner Frauen Schwester, deren Kind er, weil es rief, an einem Bein anfasste und mit dem Kopf gegen den Ofen schlug und für tot liegen ließ, indessen das Kind kam wieder zu sich mit dem Verlust von einem Auge, welches ihm aus dem Kopf geflogen, und ist nun im Hospital zu Gotha. Der Herzog hat ihn zeichnen und auch sein Leben aufzeichnen lassen, welches gedruckt werden wird, bis dahin muss ich wohl die übrigen Nachrichten ruhen lassen, die ich habe, weil manches in den Sagen zwar ungewiss, aber doch so weit gewiss ist, dass er einer der größten Bösewichter und Mörder gewesen ist, deren man sich erinnert. In der Silhouette sieht er aus wie der selige Wagenmeister.

An Franz Ferdinand Wolff

Göttingen, 10.2.1785

Tausendfachen Dank für Ihren lieben langen Brief mit Intermezzi versehen. Der Einfall ist gar herrlich zwischen den Akten eines drame serieux ein Ballett zu tanzen. Ich habe ob ich gleich dabei den Kopf noch in der Hand halten musste, gewiss Ihrer Absicht gemäß recht herzlich gelacht. Allein wie es mit der Antwort auf Ihre Fragen stehen wird, weiß der Himmel. Der Geist ist willig, aber – Doch soll keine unbeantwortet bleiben, in den Fasten wenigstens nicht. [...]

Intermezzo

Welches ist der lustigste Ort an einem Frauenzimmer? Hm. O ich weiß es – – – Nein das kann es nicht sein, sonst wär s' Rätsel gar zu leicht. Vielleicht der andere, verbotene Fleck, vor welchem Castor und Pollux tanzen, wenn oben drüber gegeigt wird? Hab ichs getroffen?

Ein Gegen Present

Worin hat es die Natur beim Bau des weiblichen Körpers versehen? [...]

Brief eines Verlegers an seinen Autor. Aus dem Göttinger Taschen Calender für 1799, S. 152f.

Ew. erhalten anbey Dero Manuskript zurück, weil selbiges Dero Zeit so nicht gebrauchen kan. Einige Artickel sind wircklich reitzbar, per Exempel jener vom doppelten Printzen und jener von Flüchen vor Kinder. Doch winschen mein Frau und ich etwas mehr von Deologen hinein und der Schaam Hafftigkeit und die Obrigkeit, etwas reitzbar versteht sich und Pasquilandisch, das sind itzoiger Zeit warme Semmel in der Welt. Wollten Selbige Selbiges noch einschieben wollen, so wollen Wir sehen. Zenzur haben Wir nicht zu fürchten; meine Frau liest ihm alles für, und ist bey ihm wie Kind im Hause. Sie hüppt auch über manches.* Verbleibe Dero affectionierter etc.

Brief. Aus dem Sudelbuch

Diesesmal habe ich Ihnen durch meine Bedienten sagen lassen, dass ich nicht zu Hause wäre, nach dem Billet aber, das Sie mir deswegen geschrieben haben, werde ich bei dem nächsten Besuch, womit Sie mich beehren werden, die Ehre habe es Ihnen auf der Treppe selbst zu sagen. Ich bin pp.

[L 162 / 164]

* Soll wohl heißen: überhüpft beim Lesen manches

Anhang

Zur Edition

Lichtenberg hat seine *Sudelbücher* selbst mit Großbuchstaben gekennzeichnet: die Bücher *C* bis *L* fand man nach seinem Tod; *A* und *B* bezeichnen seit Albert Leitzmann fünf Hefte und ein ungebundenes Buch, die zeitlich in diese Lücke passen. Der Sudelbuchautor, der übrigens keineswegs immer mit dem »Ich« in diesen Büchern identifiziert werden sollte, hat alle seine Schreibbücher paginiert, und wenn er selbst in seinen Notizen auf bestimmte Texte verwies, dann tat er das mit diesen Seitenzahlen. Die einzelnen Einträge aber hat er nicht beziffert, die heutige Zählung geht auf Leitzmann zurück, der damit offenbar Richard Maria Werners Edition der Tagebücher Friedrich Hebbels nachahmte; Wolfgang Promies hat dann zur Einfügung einiger übergangener Texte diese Zählung etwas modifiziert.

Mancher Leser möchte wohl die Texte in der einzigen buchstabengetreuen Ausgabe (von Albert Leitzmann, 1902–1908) oder in der derzeit maßgeblichen und am weitesten verbreiteten Edition, der Ausgabe des Hanser Verlags (*Lichtenberg. Schriften und Briefe*, 1967–1992) von Wolfgang Promies, wiederfinden, etwa dann, wenn er sie zitieren muss, oder weil er nach einem Kontext suchen möchte, der aber nur höchst selten besteht: Dies ist ja eins der notwendigen Merkmale des Aphorismus. Um also ein leichteres Auffinden in den anderen Ausgaben zu ermöglichen, habe ich beide Zählungen nebeneinander gestellt und gleich in Anschluss an den jeweiligen Aphorismus angehängt. Die Stellenangaben aus *KA* beziehen sich nur auf *Schriften und Briefe*, weil Leitzmanns Ausgabe lediglich die Nummern 262, 265, 272, 275, 276, 291, 294–296, 307 (als Nr. 6–10, 13, 15–18) hatte.

Die übrigen Siglen sind analog zu der Sudelbuchbezifferung von den Philologen ersonnen: Sie sind alle mindestens zweistellig: *KA* bezeichnet ein von Lichtenberg mit falschem Akzent und mäßiger Kenntnis des Mythos vielleicht nach seiner eigenen Deckelzeichnung Keras amáltheias (Füllhorn der den Göttervater Zeus als Kind nährenden Ziege Amaltheia, das, als es abgebrochen war, Nektar und Ambrosia spendete) benanntes Buch, *GH* meint Goldpapierheft (wurde von Lichtenberg 1789 ff., also neben dem *Sudelbuch J* geführt), *UB* meint undatierte Bemerkungen.

Die übrigen abgekürzt zitierten Texte meinen die folgenden Handschriften (diese alle im Göttinger Nachlass) oder Editionen: *Compen-*

dium: Zur Materie sowohl als der Form meines Compendii gehörige Bemerckungen (vollständig publiziert, mit Faksimile der Handschrift, von Horst Zehe in den Sitzungsberichten der Heidelberger Akademie der Wissenschaften, Math.-Nat. Klasse, Jg. 1993/94, 4. Abhandlung, unter dem Titel: *»Ich habe selbst offt über die Compendienschreibung gelacht«. Etwas über Georg Christoph Lichtenbergs Notizen zu einem Compendio der Physik*. [Heute wissen wir, dass die den Titel leihende selbstironisch-distanzierende Notiz in der wieder aufgefundenen Handschrift Lichtenbergs *Compendienschreiberey* zu lesen ist.]) *Noctes*: Ein so betiteltes »Nachtbüchlein« fand sich in Familienbesitz und ist von mir 1992 mit Faksimile herausgegeben worden. Auch das *Fragment von Schwänzen* liegt als Faksimile der Handschrift und des ersten Separatdrucks mit einem Nachwort von mir im Druck vor (1992); als Jahresgabe der Lichtenberg-Gesellschaft erschienen und im Buchhandel nicht erhältlich. Die von allen bisherigen Philologen übergangenen Blätter aus dem *Sudelbuch K* hat Julia Hoffmann wiederentdeckt und im *Lichtenberg-Jahrbuch* 1992, S. 9–18 mitgeteilt und eingehend kommentiert. Noch ungedruckt sind das *Rote Buch*, ein Notizbüchlein Lichtenbergs zum *Göttinger Taschen Calender*, und Lichtenbergs Materialienbüchlein zu seinem *Copernicus*-Essay. Beide werden in den nächsten Jahren im Rahmen der geplanten Historisch-kritischen Gesamtausgabe Lichtenbergs mit anderen Exzerptensammlungen erscheinen. Die Bezeichnung *Magin* meint: Ernst Paul Heinrich Magin: *Über Lichtenberg und seine noch unveröffentlichten Handschriften*. (In diesem Hamburger Schulprogramm von 1913 sind ein paar bis dahin ungedruckte Bemerkungen aus den Manuskripten ausgehoben.)

Lichtenbergs Texte sind klassisch; und auch ein strenger Philologe mag es daher eher verzeihlich finden, dass sie in vorliegender Ausgabe auf der Grundlage der jüngsten Rechtschreibregeln modernisiert wurden – ohne Rücksicht auf eineohnehin nicht mit Sicherheit rekonstruierbare Lautung. Die Interpunktion, die historische Morphologie und die Schreibung von historischen Begriffen sowie von Eigennamen wurden indessen nicht angetastet. In eckigen Klammern stehen Herausgeberergänzungen, in Winkelklammern Streichungen Lichtenbergs. Die Kursive gibt Unterstreichungen Lichtenbergs beziehungsweise die sie ablösenden Sperrungen oder Fettdruck der Erstdrucke wieder.

Der Wortlaut der Texte folgt den jeweils besten Quellen, also soweit überliefert den Handschriften der *Sudelbücher*, der *Noctes*, des *Copernikus*-Notizbuchs, der Notizen für ein *Compendium*, der *Prolegomena* zur Vorlesung, den nachträglich aufgefundenen Seiten aus dem Buch *K* und einzelnen sonstigen Notizzetteln. Sofern die Handschriften der *Sudelbücher* fehlen (dies ist der Fall bei den Büchern *G*, *H* und *K*), wird den Erstdrucken gefolgt, nämlich den *Vermischten Schriften*, herausgegeben von Lichtenbergs Bruder Ludwig Christian und Friedrich Kries 1800–1806; darin sind die Bände 6–9, die *Physikalischen und mathematischen Schriften* 1–4 (abgekürzt PhM) enthalten. Nur das, was dort nicht vorhanden ist, folgt der ungleich fehlerhafteren Ausgabe *Vermischte Schriften* (zitiert als VS 1844), herausgegeben von den Söhnen Georg Christoph (jr.) und Wilhelm Lichtenberg, Bd. 1 f., 1844.

Wolfgang Promies war in seiner Edition (*Schriften und Briefe*, hier abgekürzt SB) grundsätzlich der Ausgabe der Söhne gefolgt und griff nur auf die erste zurück, wenn in der zweiten ein Text fehlte. Dadurch hat er mitgeholfen, eine nennenswerte Anzahl schwer durch bloße Divination aufzufindende Fehler zu konservieren; diese sind in vorliegender Ausgabe erstmals seit 160 Jahren wieder zurückgenommen (zum Beispiel seine Zählung H 147, 172, 174). Promies hatte außerdem den kühnen Versuch unternommen, die in der Handschrift verlorenen *Sudelbücher G, H* und *K* gegen die überlieferte, nach Sachgruppen sortierte Anordnung zu rekonstruieren, also sie zu datieren; soweit das überhaupt möglich ist, dürfte es ihm gelungen sein. Indes: Da man mittlerweile über Analogieschlüsse annehmen darf, dass ein beträchtlicher Teil der bloß vermuteten zeitlichen Zuordnungen von Promies falsch (und damit das ganze Rekonstruktionsgebilde unhaltbar) ist, habe ich die nicht durch handschriftliche Überlieferung begründete Reihenfolge nicht wiederherzustellen versucht, sondern bin, wo immer das möglich war, der gedanklichen Anordnung der alten Ausgaben gefolgt. In allen Fällen, in denen ich den bisher nach den alten Ausgaben zitierten Text leicht gebessert habe (vor allem bei G 187 und K 76 in der Zählung von Promies), ist dies in den Anmerkungen begründet. Die hier aus dem nicht mehr als Handschrift überlieferten Bestand ausgewählten Notizen waren in den Erstdrucken folgenden Sachgruppen (oder eher »Verlegenheitsrubriken«) zugeordnet; hier der Einfachheit halber annähernd in der

Reihenfolge unserer Auswahl und nur nach der Zählung in *Schriften und Briefe*, Bd. 2:

G 173 aus: *Witzige und satyrische Bemerkungen.* – UB 8 aus: *Witzige und komische Ausdrücke und Vergleichungen.* – G 183; G 13; G 187; H 111–114; UB 30 aus: *Nachtrag zu den witzigen und satyrischen Bemerkungen.* – G 71; K 107; G 79, 82; K 118 aus: *Beobachtungen über den Menschen.* – G 86; K 125 aus: *Nachtrag zu den Bemerkungen über den Menschen.* – G 215; G 11 aus: *Allerhand.* – H 16; H 146; H 172 aus: *Philosophische Bemerkungen.* – H 24 aus: *Nachtrag zu den philosophischen Bemerkungen.* – H 169 aus: *Nachtrag zu den Nachrichten und Bemerkungen des Verfassers über sich selbst.* – H 64 aus: *Nachtrag zu den Bemerkungen über Sprache und Orthographie.* – VS 1, 1800,291 (fehlt in *Schriften und Briefe*) aus: *Ästhetische Bemerkungen.* – K 23; 30 aus: *Nachrichten und Bemerkungen des Verfassers über sich selbst.* – K 69; 75 [diese Nummern sind handschriftlich in *Noctes* überliefert, also tatsächlich aus dem Zeitraum von *K*] aus: *Philosophische Bemerkungen.* – K 105 aus: *Moralische Bemerkungen.* – K 106 aus: *Nachtrag zu den moralischen Bemerkungen.* – K 292 f.; 161 aus: *Politische Bemerkungen.* – K 167 aus: *Nachtrag zu den politischen Bemerkungen.* – K 168; 172; 185 aus: *Literärische Bemerkungen.* – H 82; K 214 aus: *Lustige und satyrische Einfälle und Bemerkungen.* – K 236 f. aus: *Nachtrag zu den witzigen und satyrischen Einfällen und Bemerkungen.* – K 266; 275; G 229 aus: *Allerhand.* – H 147 aus: *Philosophische Bemerkungen.* – H 173 f.; K 297–305 aus: *Gute Ratschläge und Maximen.* – H 175; 177 aus: *Bemerkungen das Compendium betreffend.* – H 178–180; K 308 f.; 311; 315–318 aus: *Über das Studium der Naturlehre überhaupt.* – H 183 aus: *Über das Gebiet der Naturlehre, und die beiden physikalischen Systeme.* – H 189 f. aus: *Über Wärme und Feuer.* – H 202; K 306 f.; 310 aus: *Vermischte Bemerkungen.* – K 303 aus: *Nachtrag zu den guten Ratschlägen und Maximen.* – K 319–321 aus: *Über einige Gegenstände der allgemeinen Naturlehre.* – K 323; 327; 329–331; 334 aus: *Über Chemie und chemische Wirkungen.* – K 340 f.; 343; 346 aus: *Vom Schall.* – K 360–362; 370; 373; 375–379 aus: *Über das Licht.* – K 382–386; 388 aus: *Über Elektricität.*

Dennoch werden die Texte möglichst (so wie innerhalb der anderen Gruppen) auch hier chronologisch präsentiert; das zeitigt in einigen Fällen Sprünge in der eingeführten Zählung. Gekürzt habe ich nur in ganz wenigen Fällen und auch nur dann, wenn Lichtenberg fremde Texte weiterschrieb (z.B. J 268 / 283). Weggelassen sind auch Lichtenbergs eigene Datierungen (z.B. bei F 99 / 100): Sie beziehen sich nicht oder nicht allein auf den Eintrag, vor dem sie jeweils stehen, sondern auf den Schreibtag (also auf mehrere folgende Bemerkungen).

Insgesamt aber finden sich anderthalb Dutzend bislang noch in gar keiner Werkausgabe Lichtenbergs wiedergegebene Texte, so *Noctes* 1.7; *Compendium* 27v., 28v., 29v., 30v., 31v., 32v., 33r., 33v., 34r., 34v. Ähnliches gilt für Ausschnitte aus den Prolegomena zur Hauptvorlesung, ältere Version; einige Notizen sind sogar gänzlich ungedruckt, so die aus dem *Roten Buch* und aus dem *Copernicus-Notizbuch*.

Die Markierung Lichtenbergs durch lateinische Schrift (im Nachwort dargelegt) ist, um den Leser nicht abzulenken, hier weggefallen; sie wäre auch nicht gut durch die in der Ausgabe von Promies gewählte Kursive repräsentiert, um auf den Umstand ihrer Abweichung von der deutschen Schrift aufmerksam zu machen. Es handelt sich um die folgenden Notizen: D 52 / 53. – J 332 / 339, 376 / 393, 606 / 626, 1034 / 1057, 1228 / 1254, 1229 / 1261, 1230 / 1266, 1231 / 1276, – / 1278, – / 1317, 1234 / 1326, 1235 / 1327, 1236 / 1329, 1237 / 1331, 1239 / 1336, 1240 / 1341, 1243 / 1352, 1245 / 1359, 1246 / 1361, 1247 / 1362, 1248 / 1363, 1249 / 1364, 1250 / 1365, – / 1371, – / 1372, – / 1381, 1251 / 1386, – / 1393, 1253 / 1407, – / 1411, 1254 / 1422, 1255 / 1427, 1256 / 1428, 1257 / 1430, 1258 / 1435, 1260 / 1446, 1261 / 1458, 1262 / 1459, 1263 / 1463, 1269 / 1518, – / 1524, 1270 / 1528, – / 1531, 1273 / 1534, 1276 / 1547, – / 1553, – / 1557, – / 1564, – / 1566, 1281 / 1571, 1284 / 1598, 1286 / 1603, 1287 / 1619, 1289 / 1621, 1290 / 1622, 1292 / 1632, 1293 / 1634, – / 1638, 1295 / 1639, 1296 / 1643, 1298 / 1646, – / 1649, 1301 / 1661, 1302 / 1666, 1305 / 1671, 1307 / 1708, 1308 / 1738, 1311 / 1773, – / 1792, 1318 / 1832, – / 1833, – / 1836, – / 1839, 1320 / 1849, 1322 / 1855, 1326 / 1884, 1327 / 1886, 1328 / 1889, 1331 / 1963, 1332 / 1965, 1333 / 1991, 1335 / 2041, 1338 / 2055, 1340 / 2070, 1341 / 2076, 1343 / 2107, – / 2138, – / 2139. – K 17 / 17. – Lichtenberg-Jahrbuch 1992, 13, 15. – L 20 / 20, 336 / 338, 614 / 617, 675 / 679, – / 723, – / 732, – / 737, 706 / 780, 711 / 804, 715 / 814, 716 / 815, – / 829, 720 / 850, 855, – / 856, – / 876, 726 / 886, 735 / 938, 740 / 956, – / 970. – Noctes p. 1.7. – Rotes Buch p. 11, p. 38, p. 69. – Copernicus p. 101.

Bei den aus den Briefen entlehnten Texten folgt die Ausgabe dem Wortlaut der Göttinger Edition, die Albrecht Schöne und ich im Auftrag der dortigen Akademie veranstaltet haben. Auf diese Weise liegt hier der einzige korrekte (nämlich nicht durch unverstehbare Satzzeichen entstellte) Text innerhalb einer Werkausgabe oder Werkauswahl vor.

Erläuterungen

Lichtenbergs Texte bedürfen heute vielfältig sprachlicher und sachlicher Erläuterungen zur Überwindung der historischen Distanz. Bei den folgenden Kommentaren, in die eingestreut ich meine Textbesserungen nachgewiesen beziehungsweise begründet habe, fuße ich dankbar auf den Arbeiten meiner Vorgänger. Ich bringe hier zwar manches auch dem Wissenschaftler Neues, doch wollen meine Erläuterungen dem unmittelbaren Verständnis bei Nicht-Lichtenbergkennern dienen. Zur weiteren Erforschung besonders mit Blick auf Lichtenbergs Gesamtwerk und sein Zeitalter sei der interessierte Leser daher auf die älteren Kommentare verwiesen, besonders auf den von Wolfgang Promies zu seiner Ausgabe der *Schriften und Briefe* (München: Hanser, 1992), in dem die von Albert Leitzmann fast ganz und manchmal wörtlich aufgegangen sind. Weitere Quellen- und Literaturangaben finden sich im editorischen Bericht und in den Literaturhinweisen.

Vorweg ein paar allgemeine Anmerkungen: Wenn Lichtenberg »ich« sagt, muss das nicht notwendig ihn selber meinen, sondern kann eine Rolle betreffen – umgekehrt kommt er selbst nicht selten zweifelsfrei (wie gleich bei B 77 / 81) in der grammatischen dritten Person daher. – Die Abkürzung ›NB‹ steht für ›notabene‹ (wohlgemerkt), ›p.‹ für ›pagina‹/›page‹ (Seite), ›z. E.‹, ›zum Exempel‹, bedeutet ›zum Beispiel‹. – ›pp.‹ (›pergite‹, fahret fort) lebt zwar noch in der Redensart ›Etcetera pepe‹ fort, ist aber schon seit der Mitte des 19. Jahrhunderts nicht mehr geläufig; es bedeutet soviel wie ›und so weiter‹. Die nachstehend erwähnten *Photorin* (1–12, 1979–87) und *Lichtenberg-Jahrbuch* (bislang 1–23, 1989–2010) sind die periodischen Publikationen der Lichtenberg-Gesellschaft e. V.

I. »Schmierbuch-Methode bestens zu empfehlen«

7,1 Dieses Diktum stammt aus einer Sammlung von über 250 »Wörter und Redens-Arten« (SB 1,341, rechte Spalte).

7,3 *Ledger at double entrance:* Hauptbuch mit zwei Eingängen. | *nach der italienischen Art buchzuhalten:* doppelte Buchführung. | *Debitor … Creditor:* Schuldner … Gläubiger. | *vid.[eatur] p.[agina] XXVI:*

man sehe Seite XXVI, meint: E 150 (7,4). Das auf der zweiten Englandreise begonnene *Sudelbuch E* ist eigentlich der rückwärtige, römisch paginierte Teil eines Memorabilien-Tagebuchs *Reise-Anmerckungen* (deren Seiten arabisch beziffert waren). Die Vermutung liegt nahe, dass Lichtenberg die Bezeichnung »Sudelbuch«, die schon Adelungs Wörterbuch meldet, bei der Konsultation eines englisch-deutschen Wörterbuchs entdeckt hat: Es meint nämlich genau das gleiche wie im Englischen das kaufmännische »waste book«. Lichtenbergs Eintragungen sind alles andere als gesudelt oder allenfalls in diesem lediglich sortierenden Sinn des kaufmännischen Aufschreibens in freier Folge: Seitenlang gibt es keine Streichungen, geschrieben ist mit ganz wenigen Ausnahmen in über Jahre vollkommen sich gleichbleibender und fast immer gut leserlicher Handschrift.

7,4 *ad p. VI:* zu S. VI, meint: E 46 (7,3). | *Timorus:* Lichtenbergs satirische Schrift, 1774 gegen Johann Kaspar Lavaters (1741–1801) Versuch gerichtet, den jüdischen Philosophen Moses Mendelssohn (1729–1786) zum Christentum zu bekehren.

8,1 *detailliert werden:* umständlich erzählt werden. | *im vorigen Krieg:* im Siebenjährigen Krieg, 1756–63, zwischen Preußen und Österreich. | *Schlacht bei Roßbach … Schlacht bei Lissa … König:* Bei Roßbach besiegte Friedrich der Große am 5.11.1757 das mit dem Reichsheer vereinte französische Armeekorps, bei Leuthen und Lissa genau einen Monat später eine österreichische Armee, beide Male vernichtend.

8,2 *Kardinal de Retz … Nach meinem Tod:* Die berühmten *Mémoires* des Jean-François Paul de Gondi (1613–1679) erschienen postum 1717.

II. »Pfennigs-Wahrheiten«

12,1 *Charakter einer mir bekannten Person:* Lichtenberg. | *weniger Relief:* weniger Profil; Anspielung auf seinen Buckel. | *Kopfhenker:* nach Jes. 58,5: »wenn ein Mensch seinen Kopf hängen lässt wie Schilf und in Sack und Asche sich bettet«. | *Ehe denn die Berge worden:* ergänze: … bist Du Gott (Ps. 90,2 ff.). | *Sing unsterbliche Seele:* Klopstock, *Messias* 1,1. | *Assembleen:* Versammlungen. | *Gesinnungen selten …. genug:* Die im *Photorin* 1980 und 1981 geführte Debatte, ob in die von Lichtenberg mit Auslassungspunkten markierte Lücke ›schlecht‹ oder ›adrett‹ einzusetzen sei (selbstverständlich kann nur etwas Pejoratives gemeint sein!), geht vollständig an der Tatsache vorbei, dass es sich bei den Auslassungspunkten um ein Signal für die rhetorische Figur der Aposiopese (Verstummen) handelt, die es in die Gewalt und Moral des Lesers gibt, ein zumeist tabuisiertes Wort einzusetzen. Einer Ausfüllung bedarf es also nicht nur nicht, sie würde den Passus, der eine Geste imitiert, ganz missverstehen. | *und hofft:* von Lichtenberg verbessert aus ›und fürchtet‹.

16,3 *Vardöhus … am Kap:* Norwegischer Hafen im nördlichen Eismeer, von dem aus auch der Venusdurchgang 1769 beobachtet worden war, und das Kap der guten Hoffnung in Südafrika; damals gewissermaßen je der nördlichste und südlichste vermessene Punkt der Erde.

16,5 *scribendi … fons:* Horaz, *Ars poetica* 309: »Um zu schreiben ist Ursprung und Quelle: richtig zu wissen.« | *Man muss nur wollen … Helvetius:* Claude-Adrien Helvétius: »Wer wissen will, weiß und ist sich ziemlich sicher, pro Tag etliche Klafter Wissenschaft zurückzulegen.« (*De l'homme, de ses facultés intellectuelles et de son éducation* 2, 1773,23). Beide Dikta von Lichtenberg wiederholt zitiert.

18,2 *Scharfsinn … Witz:* Adelung (der das beileibe nicht erfunden hat) umschreibt diese für das Aufklärungsjahrhundert zentrale Begriffspaar in seinem Wörterbuch sub voce ›Witz‹: »Das Vermögen der Seele, Ähnlichkeiten, und besonders verborgene Ähnlichkeiten, zu entdecken, so wie Scharfsinn das Vermögen ist, besondere Unterschiede aufzudecken«. S. 70,2 | *Intellektual-Welt:* Verstandeswelt. | *Tubum:* Fernrohr (lat., Akkusativ). | *Plejaden:* Siebengestirn.

19,1 *Louisd'or:* Goldmünze im Nennwert von 5, im Zahlungsverkehr von 4,5 Talern.

19,6 *Ir[by]:* Lichtenbergs englischer Zögling; unklar ist, ob Lichtenberg ihm mit der Namensnennung das Urheberrecht an diesem Verdikt zuweist oder die Anwendung auf ihn gemeint ist.

20,4 *Briefe über die neuste Literatur:* Plan Lichtenbergs, solche Briefe (bei parodistischer Verwendung des Titels von Lessings berühmten Kritiken) von Göttinger Dienstmädchen schreiben zu lassen als Satire gegen die zeitgenössische Literatur (»Briefe von Mägden über die Literatur«; vgl. *Schriften und Briefe* 3, 1972,530 ff.); fragmentarisch erhalten.

22,3 *Tollhaus:* Irrenhaus. | *Vorsicht:* Vorsehung.

25,3 *Physiognomik ...* Lavater: Der Zürcher Pfarrer Johann Kaspar Lavater hatte es sich zur Lebensaufgabe gemacht, die Physiognomik als Wissenschaft und als theologisches Mittel zugleich zu erneuern; eine von Lichtenbergs wirkungsvollsten Abhandlungen richtete sich gegen die seit 1774 erscheinenden zuletzt vier starke Bände umfassenden *Physiognomischen Fragmente.* | *Firmelung:* Firmung, Festigung im Glauben. | *Auto da Fe:* Akt des Glaubens, die (Ketzer-)Verbrennung in der spanischen und portugiesischen Inquisition.

25,6 *Quicquid ... recipientis ... Maxime:* »Was immer aufgenommen wird, wird aufgenommen nach der Art des Aufnehmenden.« Geht wohl zurück auf Thomas von Aquin, *Summa Theologiae* I, quaest. 75, art. 5 co.

27,2 noch nicht wieder aufgefundene Handschrift; möglicherweise gar nicht aus einem Notizbuch, sondern von einem Zettel oder aus einer Vorlesung.

27,8 *Angenommen:* die nachlässige zweite Auflage der *Vermischten Schriften*, hier der Erstdruck, hat »angenommen«, was ich, Christian Wagenknecht (*Allerlei Verlesungen*. In: Ch. W.: *glôssen. als handschrift für freunde gedruckt. 24. und 25. lieferung / im dezember 2002*, S. 24 f.) folgend, vermutungsweise korrigiert habe.

28,6 Seitenhieb auf die Teleologie, die Lehre von der göttlich eingerichteten Zweckmäßigkeit der Welt.

29,5 *die blinden Naturbegriffe*: schon der Erstdruck der *Vermischten Schriften* (2, 1801,49) hatte ›Naturgriffe‹; von mir, Jürgen Jahnke folgend (*Lichtenberg-Jahrbuch* 1997,290), gebessert. ›Naturbegriffe‹ ist ein zentraler Bestandteil der Kantischen Philosophie (blind freilich sind nach Kant ›Anschauungen ohne Begriff‹ [*Kritik der reinen Vernunft* 3,75. 213 Akademie-Ausgabe]). Die Notiz wäre demnach wiederum Reflex von Lichtenbergs Beschäftigung mit Kant.

30,1 *Bogenstellung:* Arkaden. | *von meinem Garten:* Lichtenberg hatte seit spätestens 1777 am Stadtrand Göttingens und auch im Wallbereich nacheinander drei oder vier Gärten mit Gartenhaus gemietet; diesen letzten, genau auf der heutigen Kreuzung Güterbahnhofstraße/Kreuzbergring, wollte er gerade kaufen, als der Tod ihn ereilte.

30,2 *Was bin ich? ... hoffen?:* Kant, *Kritik der reinen Vernunft* B 833.

31,3 Von Wolfgang Promies in seiner Ausgabe versehentlich übergangen. Die zeitliche Zuordnung ist (mit Blick auf »Schauspiel« und Lichtenbergs in früheren Jahren stärkeres Interesse dafür vielleicht nicht ganz unbegründet) bloße Vermutung.

31,4 *allg.[emeinen] d.[eutschen] Biblioth.[ek]:* Friedrich Nicolais (1733–1811) wirkungsvolles Rezensionsorgan, an dem alle drei Brüder Lichtenberg zeitweilig mitarbeiteten. Die Bände hatten je etwa 600 bis 700 Seiten.

33,3 *Pruritus lucendi:* Kitzel (Geilheit) zu glänzen.

34,1 *Pusillanimität:* Kleinmütigkeit.

34,3 *Genera und Species:* Geschlechter und Arten.

35,3 *Tollhaus:* s. Anm. zu 22,3.

36,4 *Matrimonial-:* Ehe-.

36,5 *gehässigere:* verhasstere. | *ex officio:* von Amts wegen.

38,1 *Rousseau … gesagt:* Jean-Jacques Rousseau im 5. Buch seines pädagogischen Romans *Émile*.

38,2 *Superiorität:* Überlegenheit.

38,3 *des principii contradictionis:* des Satzes vom Widerspruch (vgl. Aristoteles, *Metaphysik* 5, 1005 b 19 ff.), der in der Aufklärungsphilosophie eine bedeutende Rolle spielte: Danach kann Etwas nicht zugleich dasselbe sein und nicht sein.

38,4 *Kant sagt auch so was irgendwo:* Lichtenberg denkt wohl an die Ausführungen Kants über den ontologischen Gottesbeweis in der *Kritik der reinen Vernunft* (Akademie-Ausgabe A 591–603. B 619–631).

38,5 *das bekannte Zeichen:* aus der alchimistischen Tradition. – Im Jahr zuvor hatte Lichtenberg noch ohne diese Dialektik und ungleich optimistischer für den *Göttinger Taschen Calender* auf 1792 (S. 212 f.) die Sonne vorgeschlagen: »Die Aufklärung. Dieses höchste Werk der Vernunft, dessen Nahme sogar uns neuerlich einige seichte aber deßwegen beliebte Phraseskünstler, haben lächerlich machen wollen, die zu eingeschränkt waren bey ihren Frömmeleyen, zu bedenken, zu was für Missbräuchen nicht selbst Religion und Liebe, diese Grundfesten der moralischen und physischen Welt, geführt haben, hat bis jetzt noch kein allgemeiner verständliches allegorisches Zeichen (vielleicht weil die Sache selbst noch neu ist), als die aufgehende Sonne. Es wird wohl auch lange das schicklichste bleiben, wegen der Nebel, die immer aus Sümpfen, Rauchfässern, und von Brandopfern auf Götzenaltären aufsteigen werden, die sie so leicht verdecken können. Indessen wenn die Sonne nur aufgeht, so schaden Nebel nicht.«

39,2 *Dogmatik ... Polemik:* damals Abteilungen der Theologie. Schon damals (etwa auch von Lessing) wurden beide Ausdrücke im heutigen (übertragenen) Sinn gebraucht.

40,1 *Herschel:* William Herschel (1738–1822) aus Hannover, der berühmteste Astronom seiner Zeit, Entdecker u.a. des Uranus.

40,2 *Nutritions-Geschäfte:* Ernährung der Seele. | *primis viis:* ersten Wegen (der Verdauung: Magen und Darm).

43,4 *geheime Sünden:* Die Antithese ist auch dann noch witzig, wenn man weiß, dass Lichtenberg auf die um 1790 intensiv in medizinischen und pädagogischen Blättern geführte öffentliche Diskussion über die »geheime Sünde« (Onanie) anspielt.

44,4 Promies' Datierung in *Schriften und Briefe* 2, 1971,172 auf 1780–85 ist mit Sicherheit zu früh: In *Vermischte Schriften* 2, 1844,184 steht die Bemerkung zwischen zwei handschriftlich überlieferten Texten von 1798 aus *L* (Leitzmann vermutete daher seinen Ursprung im verlorenen Teil dieses Buchs). Derselbe Satz findet sich zumal (Frühjahr?) 1796 im Notizbuch *Noctes* (p. 22), aus dem mehrere Eintragungen wörtlich oder leicht verändert in Sudelbücher übertragen worden sind.

44,5 Lichtenbergs Bruder hatte dem Verleger brieflich einige Notizen zum Einschalten als Blatt- oder Bogenfüller mitgeteilt, falls der Manuskript-Vorrat nicht ausreichen sollte, um etwa einen Druckbogen zu füllen oder falls etwas hätte unterdrückt werden müssen. Diese Notiz hier ist nicht verwendet worden, könnte wegen einer entfernten Ähnlichkeit mit L 309 (*Schriften und Briefe* 2,898) zeitlich in das letzte Lebensjahrzehnt gehören; daher hier eingeordnet.

45,1 Einzelblatt, publiziert von H. Huth im Beiblatt der *Zeitschrift für Bücherfreunde* 1923 (Sp. 244); den Schriftzügen zufolge aus den letzten Lebensjahren Lichtenbergs.

47,4 Lichtenbergs letzte Eintragung in seinem Sudelbuch.

49,2 Friedrich Albert Karl Gren (1760–1798), Alexander von Humboldt (1769–1859), Georg Friedrich Hildebrandt (1764–1816), Alexander Nikolaus Scherer (1771–1824) – die Generation der Schüler Lichtenbergs. Bis auf Hildebrandt, über den er sich 1793 noch kein Urteil zutraute, stand Lichtenberg mit allen in regem persönlichen oder brieflichen Gedankenaustausch.

49,4 *Capricieuses Wesen:* eigensinniges Wesen. | *Capricen:* Launen. | *γεωμετρουντος θεου … Plato:* eines »geometrisierenden« [wie Lichtenberg selbst gleich übersetzt] Gottes. Plutarch (mor. 718 B ff.) erörtert die Überlieferung, nach der Platon gelehrt habe, dass »Gott stets Geometrie treibt«, ein Satz, der sich nirgendwo in Platons Werk findet und also auf einen verlorenen Dialog oder einen späteren Autor über ihn zurückgehen muss. Der Gedanke passt aber sehr gut zu Platons allgemein hoher Wertschätzung der Geometrie, auch im Zusammenhang mit dem Wesen der Göttlichkeit (vgl. etwa *Nomoi* 885 B). | *Raserei:* Wahnsinn. | *Assembleen:* s. Anm. zu 12,3.

51,4 *Kartätschen:* Splitterladung in Kanonengeschossen; von verheerender Wirkung.

53,1 *Witz … Verstand:* vgl. Anm. zu 18,2.

53,5 *Yoricks:* Yorick war Laurence Sternes Pseudonym (nach dem Narren in Shakespeares *Hamlet*), zugleich kommentierende Seitenfigur im *Tristram Shandy* bzw. Titelheld des *Sentimental Journey*. | *Griffen:* (schriftstellerische) Kunstgriffe.

53,7 *proprie communia dicere:* Allgemeines eigentlich zu sagen. (Horaz: *Ars poetica* 128); nicht nur Lichtenbergs Stilideal in dieser Zeit, den ›stärkstindividualisierenden‹ Ausdruck zu finden.

54,4 *Rousseau gibt eine Regel:* Die Stelle konnte nicht ermittelt werden. Promies mutmaßt – zumindest auf diese Stelle bezogen wohl zu Unrecht – die Vorrede zur 1. Dijoner Preisschrift. Antwort auf die Preisfrage der Akademie von Dijon 1750 *Si le progrès des sciences et les arts a contribué à corrompre ou à épurer les mœurs.*).

55,3 *in medio resistente:* im beharrenden Mittel; meint: das den Widerstand der Körper Verursachende. | *Silber auf dem Harz:* wichtige Einnahmequelle der Welfen-Herzöge in Braunschweig und Hannover waren noch zu Lichtenbergs Zeit die gemeinschaftlich ausgebeuteten Silberbergwerke im Harz. | *lapide vitrascibili:* verglaster Stein (lat., Ablativ).

55,4 *dezisiv:* entschieden.

57,4 *Verfasser des Matho:* Andrew Baxter (1686–1750), *Matho, sive Cosmotheoria puerilis,* 1740; Lichtenberg besaß das Buch.

58,8 *immer etwas:* In der zweiten Ausgabe der *Vermischten Schriften* und in *Schriften und Briefe* fehlt die Sperrung (für die akzentuierende Unterstreichung in der Handschrift).

59,2 *leitet immer auf etwas:* Die zweite Ausgabe der *Vermischten Schriften* und Promies haben irrig: »an etwas«.

59,3 *Handbücher der Physik:* Lichtenberg plante jahrzehntelang die nie zustande gekommene Abfassung eines eigenen Lehrbuchs der Physik statt des von ihm viermal neu herausgegebenen seines verstorbenen Freundes und Kollegen Erxleben. | *aphoristischen Kürze:* an dieser Stelle wird unmittelbar deutlich, dass Lichtenbergs eigener Aphorismus-Begriff (im Unterschied zu einem systematischen, etwa textlinguistischen der heutigen Literaturwissenschaft) nur einen verschwindend geringen Teil seiner *Sudelbücher* umfassen würde. Vielmehr stand Lichtenberg ganz in der alten Tradition des hippokratischen medizinischen, philosophischen oder naturwissenschaftlichen Lehrsatzes, den er in Bacons bewundertem *Novum Organum* (s. Anm. zu 64,2) wiederfand.

60,1 Schwefel- ... Glas*kugel:* In der älteren Elektrisiermaschinentechnik zog man rotierende Kugeln aus Schwefel und Glas den späteren Glaszylindern und -scheiben vor; auf deren Oberfläche bildete sich durch die Reibung mit den daran gedrückten Lederkissen statische Elektrizität.

60,3 *Montgolfiers Erfindung war in meiner Hand:* Lichtenberg experimentierte um 1784 intensiv mit Schweinsblasen und Kälberamnia, die er mit Wasserstoffgas befüllte, um die Ballonversuche der Franzosen nachzuahmen oder zu überholen.

63,5 *Lesage ... Schwere, Attraktion und Affinitäten mechanisch:* Der Genfer Naturphilosoph George-Louis Lesage (1724–1803) hatte eine eigene Theorie der Schwere entworfen, auf die Lichtenberg, der sie ausführlich im Kolleg erörterte, von Jean-André Deluc (vgl. Anm. zu 64,7) aufmerksam gemacht worden war. Das vollständige Manuskript dieses Kollegabschnitts liegt vor: *Georg Christoph Lichtenberg: »Ist es ein Traum, so ist es der größte und erhabenste der je ist ge-*

träumt worden …«. Aufzeichnungen über die Theorie der Schwere des George-Louis Lesage. Hrsg. u. erl. von Horst Zehe unter Mitarbeit von Wiard Hinrichs. In: *Nachrichten der Göttinger Akademie der Wissenschaften* 2003.

63,6 *Gleichnis voraus zu machen:* nicht, wie es die schulmäßige Rhetorik bei der einfachen Rede bzw. Abhandlung gebietet, erst nach der Thesis (Aufstellung der Behauptung).

64,2 *Bacon's Organon:* Die von Lichtenberg sehr bewunderte lateinische Aphorismensammlung *Novum Organum* des englischen Philosophen Francis Bacon (1561–1626). | *heuristisches:* als Findemittel. | *Hebzeug:* Hebebaum oder Flaschenzug.

64,3 *Sexus plantarum, Sexus astrorum, acidorum et alcalinorum:* Geschlecht der Pflanzen, der Gestirne, der Säuren und Basen.

64,5 *Voigt zu Gotha:* Johann Heinrich V. (1752–1823), Physiker und Herausgeber des *Gothaischen Magazins für das Neueste aus der Physik und Naturgeschichte.* | *Punctum congelationis und regelationis:* Gefrier- und Taupunkt.

64,7 *Idées sur la Meteorologie:* Titel einer berühmten Abhandlung (*Nouvelles idées sur la météorologie,* 3 Bde., 1786/87) von Lichtenbergs Freund, dem Genfer Naturphilosophen und königlich-großbritannischen Naturphilosophen Jean-André Deluc (1727–1817); offenbar wollte Lichtenberg seinen Forschungen dessen Methode zugrunde legen.

65,6 *Nil admirari:* Nichts anstaunen! Anfang von Horaz' *Epistulae* 1, 6, 1.

66,3 *Paradigma:* Muster, Flexionsschema in Grammatiken.

67,1 Beginnt »Es wäre wohl einmal der Mühe wert die Chemie überhaupt mit einem zweifelnden Blick zu überschauen«; und handelt von den damals ganz neuen Entdeckungen zur Verbrennung, an die sich Lichtenberg erst sehr spät gewöhnte.

67,1 Ludwig Christian Lichtenberg notierte dazu: »Seekazische Manier, was das in diesen Büchern heißt? [Johann Konrad] Seekaz war ein großer Historienmahler in Darmstadt ([*1719] †1768). Wenn er an einem Stücke arbeitete so war sein Pinsel, sozusagen, an allen Stellen fast zu gleicher Zeit, das heißt er mahlte selten lange an einer Stelle sondern trug die Farbe, die er im Pinsel hatte an alle die Stellen hin, wo er sie für schicklich hielt. Vid. K. XXVII. u XXXI [heute verlorene Seiten der Handschrift, hinterer Teil von *K*].«

68,1 vgl. Anm. zu 67,1 und zu 73,3.

71,7 *Tubus Heuristicus:* ›Erfindungs-Fernrohr‹: Findemittel oder -hilfe.

73,2 *pm:* Mit dieser Abkürzung, die Lichtenberg manchmal auch mit griechischen Buchstaben und in umgekehrter Reihenfolge variierte, ist den Kontexten zufolge immer ›Selbstgedachtes‹ (im Unterschied etwa zu ›Exzerpiertem‹) gemeint; man wird sie aber nicht (Franz H. Mautners Vorschlag) als *perlucidus mons* übersetzen, denn das heißt nicht ›Lichten-‹, sondern ›durchscheinender Berg‹, sondern vielmehr deuten als *propria meditatio(ne)*: ›(durch) eigenes Nachdenken‹.

73,3 *Boileau's zweiter Vers zuerst:* Erklärt sich leicht durch VS 2, 1801,232 (H 75): »Wer, wie Boileau, den zweiten Vers zuerst macht, und ihm alle mögliche Geschwindigkeit und Fluss erteilt, wird gefunden haben, wie schwer es ist, dem ersten solche Füße zu geben, dass er nachkommen kann. [...] Vgl. auch Lichtenbergs Brief an den Naturforscher Samuel Thomas Soemmerring, 14.3.1791.

74,2 *sehr:* In der Handschrift steht »sehr und«. | *Gambol:* Die Versuche früherer Kommentatoren, die Stelle aufzuhellen (engl. ›Luftspringer‹ bzw. ein studentischer Besucher Lichtenbergs) sind indiskutabel. Wenn meine Vermutung zutrifft, dass dies (wie noch zweimal in Lichtenbergs Tagebuch) eine Hüllformel ist für ›Glücksspiel‹, gebildet aus dem Wortspiel engl. *gamble* und lat. *bolus:* ›Wurf im Spiel‹, dann gehört die eingeklammerte Passage nicht zum vorhergehenden Text.

75,2 *Richter:* August Gottlob Richter (1742–1812); Lichtenbergs Hausarzt und Kollege.

76,5 *Chladni:* Ernst Florens Friedrich Chladni (1756–1827) hatte, angeregt durch Lichtenbergs elektrische Staubfigurenexperimente, mithilfe von Puder auf Glasscheiben erstmals Schallwellen sichtbar gemacht.

77,1 *Kohlfeuer:* Kohlenfeuer (Kompositumbildung mit Genitiv Singular statt Plural und apokopem -e im 18. Jahrhundert noch ganz geläufig, vgl. Anm. zu 135,4).

77,4 *Baco N. O. I:* vgl. Anm. zu 64,2.

80,1 *Hebezeugen ... Paradigmata:* vgl. die Erläuterungen zu 64,2 und 66,3. | *Newtons Optic:* Isaac Newton (1643–1727), *Opticks; or a treatise of the reflections, refractions, inflections and colors of light*, 1704.

81,1 *aqua regis:* Königswasser; Gemisch aus Salpetersäure und konzentrierter Salzsäure, als Lösungsmittel für Gold und Platin gebraucht. | *mit Ideen experimentieren:* Hier folgt im Erstdruck (und danach in SB): »Ein bequemes Mittel mit Gedanken zu experimentiren ist, über einzelne Dinge Fragen aufzusetzen: z.B. Fragen über Trinkgläser, ihre Verbesserung, Nutzung zu andern Dingen etc., und so über die größten Kleinigkeiten.« Diese Sätze standen aber gemäß einer Notiz von Ludwig Christian Lichtenbergs Hand auf der verlorenen Handschriftenseite IX des Buchs *K* und wurden von ihm nur als gedanklich zugehörig an den oben mitgeteilten (von Handschriftenseite III) angehängt.

81,2 *Anthropomorphismus:* Menschengestaltigkeit.

85,2 *andere, glauben wir wenigstens, hingen von uns ab:* Die oben schon von mir kritisierte Ausgabe der Söhne Lichtenbergs hat die absurde Version »andere glauben, wir wenigstens hingen von uns ab«; die seither in der Hälfte aller und leider gerade der verbreiteteren und maßgeblichen Werkausgaben steht; entdeckt haben den Fehler Kai Torsten Kanz und Rüdiger Vaas (*Lichtenberg-Jahrbuch* 1995,288–290; vgl. noch *Lichtenberg-Jahrbuch* 1997,224). Der Erstdruck hatte gar keine Kommata und so (wissen wir durch Analogieschluss), dürfte es in der verschollenen Handschrift gestanden haben. Das falsche Komma 1844 hat vermutlich ein unbedarfter Korrektor nachgetragen: die Ausgabe ist vielleicht ohne Zutun, jedenfalls ohne Druckkorrektur der Herausgeber modernisiert worden.

86,1 *Kompilatoren:* Zusammenstapler, Auf- und Abschreiber. | *litterärischen Schriftsteller:* Bibliographen. | *musivische Arbeit:* Mosaikarbeit.

87,4 *historiam inertiae s.[ive] vis inertiae:* Geschichte der Faulheit oder der Trägheitskraft.

89,2 *actio et reactio sunt aequales:* Wirkung und Gegenwirkung sind gleich. Einer der Hauptsätze von Newtons physikalischer Theorie.

92,6 *»medium tenuere beati«:* Glückliche (sind die,) die die Mitte eingehalten haben. – Die damals diskutierten Theorien des Lichts, die Teilchentheorie Isaac Newtons und die Wellentheorie Leonhard Eulers (1707–1783) schließen einander eigentlich aus.

94,6 *Infusionstierchen:* auch Aufgusstierchen. Die erstmals durch Antony van Leeuwenhoek (1632–1723) mit Erfindung des Mikroskops sichtbar gemachten Mikroorganismen.

95,3 *Wilcke:* Johann Karl Wilcke (1732–1796), schwedischer Physiker, der v. a. in der Elektrizitätslehre tätig war. | *Musiv-Gold:* unechtes oder Maler-Gold. | *Volta:* Alessandro Volta (1745–1827); der legendäre italienische Physiker war Besucher und Korrespondent Lichtenbergs.

98,3 *Birn … Birnprobe:* eine birnenförmige (zur Kompositumbildung vgl. Anm. zu 77,1) gläserne Röhre, mit der man die Verdünnung der Luft unter der Evakuierglocke einer Luftpumpe prüfen konnte; erfunden von John Smeaton (1724–1792).

100,1 *Dr Yarmatti's:* Samuel Gyarmathi (1751–1830), ungarischer Gelehrter, Zuhörer Lichtenbergs.

100,2 Chemiam comparatam: verglichene Chemie (Akkusativ). Aus parallelen Stellen im *Sudelbuch* wird deutlich, dass Lichtenberg eine paradigmatische Chemie fordert, deren Ergebnisse sich an anderen Bereichen und Phänomenen der Natur im Vergleich verifizieren oder falsifizieren ließe.

100,3 *Physik.[alisches] Comp.[endium]:* Lichtenbergs Plan eines eigenen Lehrbuchs (vgl. Anm. zu 59,3 und 105,2).

100,5 *Loci topici:* Gemeinplätze, hier ohne den heutigen negativen Nebensinn als Hilfsmittel des Rhetors bei der Auffindung seiner Argumente. | *was ich an einem andern Ort gesagt habe:* vgl. 85,2.

101,1 *Il faut reculer les causes intelligibles tant qu'on peut:* Man muss die Kausalketten zurückverfolgen, so weit man kann. – »reculer« ist in der Handschrift doppelt unterstrichen.

104,1 *Infusions-Tierchen:* vgl. Anm. zu 94,6.

104,2 *Neue Irrtümer:* Lichtenbergs ständige Kolumnen in seinem Instrument zur Popularisierung der Aufklärung, dem *Göttinger Taschen Calender*, hieß: *Gemeine* [meint: Allgemeine] *Irrtümer*.

105,3 Lichtenberg plante lange, ein eigenes Lehrbuch der Physik herauszugeben, und machte sich dafür in einem seiner Schreibbücher allerlei allgemeine Notizen unter dem Titel *Zur Materie sowohl als der Form meines Compendii gehörige Bemerckungen,* diese freilich noch weit von einem Lehrbuch entfernt. Aus diesem Bestand sind nachfolgend einige wenige ausgehoben. Zu ihrer Erläuterung habe ich den sehr guten Kommentar von Horst Zehe (In: *Ich habe selbst offt über die Compendienschreibung gelacht. Etwas über Georg Christoph Lichtenbergs Notizen zu einem Compendio der Physik.* Sitzungsberichte der Heidelberger Akademie der Wissenschaften, Math.-Nat. Klasse, Jg. 1993/94) dankbar benutzt.

Imperceptiblen … L'Huilier … Buch: Von den »Imperceptibles ou infiniment-petits physiques«, wie er sie nennt, handelt L'Huilier im zwölften Kapitel seiner Preisschrift *Exposition élémentaire* unter der Überschrift »Lég re ébauche des applications à la physique des calculs supérieurs«; ebenso in der erweiterten Fassung, der *Expositio elementaris,* dort im Kapitel XXI unter der Überschrift »Delineatio succincta applicationis calculi differentialis et integralis ad physicam«. Beide Male beruft er sich in diesem Zusammenhang auf Schriften seines Lehrers George-Louis Lesage. Eines der Anwendungsbeispiele ist die Gravitation, für deren Erklärung L'Huilier die mechanistische Ätherstoßtheorie Lesages zugrunde legt. In Abraham Gotthelf Kästners (1719–1800) Rezension der »Expositio« in den *Göttingischen Gelehrten Anzeigen* vom 15.10.1795 heißt es dazu: »Im 21. Capitel bringt Hr. L'H. Vieles bey, das er seinem Lehrer, Hrn. le Sage, verdankt. Ob er gleich das mathematische Unendlichkleine für unnütz hält, so könne man doch in Anwendungen auf die Natur für Nichts achten, was sich der Kleinigkeit wegen allen unsern Sinnen entzieht, (wie man längst gethan hat, und so in einer Bedeutung von physischen Puncten geredet). Vermittels dieses Grundsatzes hebe Hr. le Sage die Einwendungen gegen mechanische Erklärungen der Schwere, wenn man nur Körperchen annehme, die in Vergleichung mit ihren Abmessungen sehr große Entfernungen haben, und nach allen Seiten quaquaversus mit großer Geschwindigkeit in geraden Linien fortgehen. Dieser Ausdruck sey auch physisch zu verstehen: so hebe sich die Schwierigkeit, die gegen Hrn. le Sage Essai de chymie mécanique p. 71 … in Kästner's geometrischen Abhandlungen und Wilken's Aufsätzen gemacht worden.« (*Göttingische Gelehrte Anzeigen,* S. 1651 f.) | *beobachten ist:* Dittographie Lichtenbergs; getilgt. | *infiniments petits negligiert:* unendlich Kleines vernachlässigt.

107,1 *Erläuterung des zu oben p. 8 unten gesagten:* gemeint ist Compendium 29v. (105,6). (Lichtenbergs eigene Seitenbezifferung ist auf diese Notizen bezogen und unvollständig.) | *in Rücksicht:* in Hinsicht. | *Prof. Reinhard:* Lichtenberg meint den Kantianer Karl Leonhard Reinhold (1758–1823). | *den Satz:* Dittographie Lichtenbergs; getilgt. | *Litter Zeit. Intelligenzblatt No 137. 1789:* Dort antwortet Reinhold in einer »Erklärung« auf den Rezensenten seines *Versuch einer Theorie des Vorstellungsvermögens:* »Die Absicht dieses Versuches, welche der Recensent verkannt zu haben scheint war ein allgemein geltendes Princip und zwar nicht für ein gewisses System, sondern für die Philosophie überhaupt, zu finden, an welchem es ihr (die kantische nicht ausgenommen) bisher gefehlt hat; und ohne dessen Entdeckung und Anerkennung, keine allgemeingültigen Erkenntnisgründe und ersten Grundsätze unsrer Rechte und Pflichten in diesem, und des Grundes unsrer Hofnung im zukünftigen Leben von der Philosophie je zu erwarten sind.« Reinhold glaubt dieses »wirklich allgemeingeltende Prinzip, das der Philosophie als das Erste zum Grund liegen muss, [...] im Bewußtseyn entdeckt zu haben, welches jeden Nachdenkenden den Satz zu unterschreiben nöthiget: dass er die blosse Vorstellung vom Vorgestellten und Vorstellenden unterscheiden, und gleichwohl auf beydes beziehen müsse. Auf diesen Grund, den weder Materialist noch Idealist, noch selbst der dogmatische Skeptiker in Anspruch nehmen kann, und auf diesen Grund allein hatte ich meine Theorie des Vorstellungsvermögens überhaupt [...] zu bauen gesucht«. (Sp. 1139 f.)

107,2 *Wir müssen so weit gehen als wir können:* vgl. 72,3.

108,1 *Observatoria oft ohne großen Vorteil:* Vgl. 72,7: »Sind wohl die ungeheuren und kostbaren Anstalten, die man jetzt an verschiedenen Orten für die Astronomie macht, vernünftig? Ist nicht schon durch die Anstalten der Engländer der Franzosen einiger Italienischen Staaten usw. hinlänglich für diese Wissenschaften gesorgt? [...] – Ist es wenigstens weislich gehandelt diese Anstalten zu machen, da noch andre Wissenschaften im Staube liegen.«

108,2 *Der unphilosophische Bertholon:* Der Untertitel des Bertholonschen Werkes lautet: »Ouvrage dans lequel on traite de l'électricité naturelle en général, et des météores en particulier; contenant l'exposition et l'explication des principaux phénomenes qui ont rapport à la météorologie éléctrique, d'après l'observation et l'expérience«. Bertholon führte nicht nur sämtliche bekannten Lufterscheinungen, also ›météores ignés‹, ›météores aqueux‹, ›météores aëriens‹ und ›météores lumineux‹, sondern auch vulkanische Tätigkeit und Erdbeben auf elektrische Ursachen zurück.

108,3 *Beschaffenheit der elast. Flüssigkeiten:* Horst Zehe merkt dazu an (beim Erstdruck): »Unter Flüssigkeiten versteht man zu Lichtenbergs Zeit sowohl tropfbare (Fluida liquida) als auch elastische oder expansible Flüssigkeiten (Fluida elastica). Die Fluida elastica sind entweder ponderabel oder imponderabel. Ponderabel sind Gase (Luftarten) und Dämpfe, imponderabel sind die Wirkungsfluida von Wärme, Licht, Elektrizität, Magnetismus und Gravitation. Die ponderabeln Fluida sind aus einer ponderabeln Basis und einem imponderabeln Fluidum (Wärme oder Licht) zusammengesetzt. Verbindet sich ein fester Körper mit Wärmematerie, so wird er flüssig; ein liquider wird unter gleichen Voraussetzungen dampfförmig; die Wärme ist konstituierend für den Aggregatzustand. Verbindet sich die tropfbare Flüssigkeit Wasser mit Wärmestoff, so wird sie zur elastischen Flüssigkeit Wasserdampf und kann sich nun mit Luft vermischen oder in ihr aufgelöst werden.« | *Magnet-Nadel ... schwer machen:* Ähnlicher Vergleich in J 2100 *Schriften und Briefe* 2,382. Vgl. auch L 870: »Wir können die Kraft des Magneten verstärken, sodass er Eisen in größerer Entfernung und stärker anzieht. Eben so bei der Elektrizität. Sollte es ganz unmöglich sein so etwas für die Schwere zu tun?« | *cum grano salis intelligendum:* mit etwas Urteilskraft zu bedenken.

108,4 *Kürze ... noch Vollständigkeit:* vgl. Anm. zu 59,3. | *In ein Lehrbuch: ... Bescheidenheit:* begegnet fast wörtlich im *Goldpapierheft* (GH) 56. | *Döderleins Moral:* Gemeint ist vermutlich Johann Christoph Döderleins *Kurzer Entwurf der christlichen Sittenlehre*. Was wäre an ›Döderleins Moral‹ empfehlenswert? Etwa die ausführliche und übersichtliche Disposition des Ganzen? Oder vielleicht die programmatische Erklärung im Vorwort zur ersten Auflage: »Perlen von Rednerschmuk und die Figuren der Kunst gehören, so wenig in Compendien als Schnörkel in den Riß eines Pallastes, vielleicht nicht einmal in Vorlesungen, in denen die Wahrheit, um richtig gefaßt zu werden, Simplicität fordert.«

109,1 In einem Entwurf zum Brief an Georg Friedrich Werner 29. November 1788 steht eine Passage, in der Lichtenberg das System von Lesage lobt, weil er so bewundernswert findet, »mit welcher Geistes Stärcke, und, wenn ich so reden darf, philosophischer Politick, es angelegt ist«, da es nichts postuliert »als Materie mit gewissen Formen, und gradlinigte Bewegung. Wenn man dann ja am Ende dichten will, oder träumen«, schreibt Lichtenberg, »so ist dieses wohl sicherlich die Grentze. Denn wie Materie und Bewegung entstanden sind, liegt jenseit unserer Fähigkeiten«. Lichtenbergs Bewunderung für Lesage ist rückhaltlos, denn »dieser große Mann sah sehr wohl ein, daß die Betteleyen der Hypothesen immer und ewig fort dauren würden, bis man sie an den (Rand) Abgrund führt, wo nichts mehr ist. Zwischen dem Abgrund, und der Stelle, wo die Hypothesenmacher stünden, müste kein Daumenbreit unerforscht zurück gelassen werden, weil sonst 1000 Träume über jene noch unerforschte Stellen alles wieder verwirret haben würden.« (*Briefwechsel* 3, Nr. 1641, S. 617)

IV. »Dieses wird ein Brief werden, den ich selbst überbringe«

Fällt es auch heute schwer, bei der Lektüre von Lichtenbergs Polemiken und gedruckten Satiren die Begeisterung des einen Teils seiner Zeitgenossen, die berechtigte Furcht des anderen nachzuvollziehen, weil doch allzu viel damals jedenfalls lebhaft belachten Witzes heute nur mehr fad erscheint, so zeigt sich in den kleinen, wie nebenbei hingeworfenen Parodien, die er in seinen *Sudelbüchern* entwarf, mehr noch bei denen, die er in seinen Briefen einem winzigen Leserkreis vorbehalten, also eigentlich eher versteckt hat, sein unbestreitbares satirisches Talent.

111,1 Zu welcher Satire Lichtenberg diese kleine Allegorie auf das schriftstellerische Werk, die sich füglich auf sein eigenes applizieren lässt, verwenden wollte, ist nicht bekannt; nicht auszuschließen, dass sie als Wiederaufnahme des folgenden satirischen Textes entstand, aber eben viele Jahre später. Das Einzelblatt im Göttinger Nachlass lässt sich aus verschiedenen Hinweisen am wahrscheinlichsten auf das Frühjahr 1779 datieren, allenfalls noch auf die zweite Hälfte 1778 (über Einzelheiten der Argumentation, Signatur der Handschrift etc. vgl. Joost: *Lichtenberg – der Briefschreiber*. 1993,293 ff.).

auf jeder Station: Man vergegenwärtige sich zur satirischen Situation, dass die Post damals auch den gesamten öffentlichen Personentransport betrieb. | *Aspekten:* eigentlich die Konstellation der Himmelskörper, deren Anblick astrologisch etwas über die Schicksale der Menschen aussagten; also hier etwa: Vorzeichen. | *Posten:* der Plural für die Einrichtung, die die ›Post‹ transportiert, damals noch ganz geläufig. | *HE[rr] v. Haller und Voltaire:* Albrecht von Haller starb am 12.12.1777 mit 69, Voltaire am 30.5.1778 mit 84 Jahren – und beendeten sinnfällig und epochal die selbstbewusste mittlere Phase des europäischen ›Siècle de Lumière‹.

111,2 Im Rahmen der *Parakletor-Satire* gegen allerlei Missstände seiner Zeit und Literatur sollten auch die Post und der neuere deutsche Roman von Gellert bis Miller ihren Teil abbekommen (nämlich bevor er unter den segnenden Einfluss der Engländer geriet; von Goethes *Werther*, den Lichtenberg ohnehin ablehnte, ist hier noch keine Rede); sechs Stellen in den *Sudelbüchern D* bis *F*, eine »Vorrede« und ein paar Materialheft-Notizen vermitteln ungefähr das Bild der hier ausgehobenen Passage.

mystisch: hier nur im Sinn von geheimnisvoll. | *kommode:* bequem. | *Retirade:* Rückzug. | *Weber Maleks Kasten:* in den Märchen aus *Tausendundeine Nacht*; Malek konnte sich in seinem Kasten überallhin versetzen lassen. | *Adresse:* Geschicklichkeit. | *Brustkuchen:* Hustenbonbon. | *b[l]äht sich den Backen:* wegen Zahnschmerzen. | *Harburg ... Münden:* Beginn und Endpunkt der Hannoverischen Post im Norden und Süden des Kurfürstentums. | *Hessischen, Holsteinischen ... Eichsfeld:* die angrenzenden Territorien. | *Robertson ... Hume ... Gatterer ... Schlözer:* William Robertson (1721–1793), David Hume (1711–1776), die damals berühmtesten englischen Historiker und Philosophen, in denen Lichtenberg auch belesen war, und seine beiden Göttinger Historikerkollegen Johann Christoph Gatterer (1727–1799) und August Ludwig (von) Schlözer (1735–1809); Ersterer war auch Lichtenbergs akademischer Lehrer.

116,1 *Regulus:* Marcus Atilius Regulus, römischer Konsul und Feldherr, wurde 255 v. Chr. von den Karthagern geschlagen und in einem innen mit Nägeln gespickten Fass zu Tode gerollt. | *Tyburn:* der Richtplatz von London.

117,1 *metallene ... Leibe:* scherzhafte Anspielung auf die Empfehlung der älteren Blitztheoretiker (wie z.B. Lichtenbergs Bruder Ludwig Christian: *Verhaltungs-Regeln bey nahen Donnerwettern*, 1774,32) »alles Metall, als Geld, Schlüssel, Uhren, Schnallen, sorgfältig von sich« zu legen. | *adjungierte:* gesellte ihm (als Gehilfen) bei. | *Swantons:* Thomas Swanton (geb. 1751) englischer Offiziersanwärter, während seines Studiums in Göttingen Lichtenbergs Zögling. | *Minorca:* damals britisch. | *Wandrer, ...:* parodiert die in der antiken Epigrammatik übliche Anrede des Grabsteins an den Wanderer.

118,1 *belegten F++z++:* Zur damals schon verbreiteten Anwendung des Vulgarismus ›Fotze‹ (Vulva) als pars pro toto für Frauen vgl. Bürgers Briefe an Dieterich [7.10.1779] und 10.8.1780 (Gottfried August Bürger: *Mein scharmantes Geldmännchen* 1988, 66; 76. Hrsg.

von Ulrich Joost); ›belegten‹ (Viehzüchter- und Jägersprache): begatten, decken. Einen Zusammenhang anzunehmen mit dem akademischen Sprachgebrauch ›belegte‹, d.h. reservierte Plätze im Hörsaal, wäre hingegen ganz abwegig. | *keinen Laib Brot im Hause hatte:* Die Wendung hat Lichtenberg vermutlich aus dem bäuerlichen Tanz- und Kinderlied »Jakob hat kein Brot im Haus«; vgl. Franz Magnus Böhme, *Deutsches Kinderlied und Kinderspiel,* 1897,130.

119,1 *Messkunst für Eheleute:* Mathematik für Eheleute. | *Heinrich:* Lichtenbergs Bedienter auf der Vermessungsreise, Heinrich Braunhold. | *Vorteil:* alter Ausdruck für ›Handgriff‹. Hier im Doppelsinn von ›Gewinn‹ und Heinrichs, des Schneiders, Handwerkerausdruck ›Kunstgriff‹. Der ganze Absatz ist ein Pastiche auf Laurence Sternes Stil, auch die Messkunst für Eheleute wohl eher eine Fiktion Lichtenbergs. – Auf derselben derben Metapher vom Einfädeln beruht auch die Pointe in der 25. der *Contes drôlatiques* des Honoré de Balzac (*La belle fille de Portillon*). | *nichts Neues unter der Sonne:* Predg. Salomonis 1,9.

120,1 datiert nach der zweiten Abreise nach England; möglicherweise gehört der Brief aber an einen der früheren Abreisetermine, etwa Februar 1772.

120,2 Das *Fragment von Schwänzen* war ursprünglich ein Brief an Friederike Baldinger (1738–1804), die von Lichtenberg überaus geschätzte kluge Ehefrau des Göttinger (später Marburger) Medizinprofessors Ernst Gottfried Baldinger (1738–1800). Diese Satire dürfte im Sommer 1777 entstanden sein, wurde dann nach Baldingers Wegzug von Göttingen und seiner Entfremdung gegenüber den ehemaligen Göttinger Freunden von ihm in seinem »Magazin für Ärzte« 1783 publiziert; der Abdruck strotzte aber von kleineren Fehlern, und so auch ein Einzeldruck, den Lichtenbergs Freund und Verleger Johann Christian Dieterich (1722–1800) in Göttingen, vielleicht auf Lichtenbergs Veranlassung, aber ohne korrigierende Eingriffe des Verfassers, veranstaltete. Hier sind (wie schon in *Briefwechsel* 1,753 ff.) die unsinnigen Setzerirrtümer nach der Handschrift des ersten Teils, einige im zweiten Teil vermutungsweise korrigiert. Vor allem steht in sämtlichen mir bekannten Abdrucken der Satz: »Durchaus nichts weichlich, ›hundselndes, nichts [damenschößigtes] Zuckernes‹ [maus] knapperndes, winziges Wesen«. Der Setzer des Erstdrucks hatte nicht bemerkt, dass die Anführungszeichen in Wahrheit senkrechte Bindstriche waren, die Philologen machten sich nie die Mühe, nach dem dadurch gebildeten vermeintlichen Zitat zu suchen. – Zum satirischen Verfahren sind durchgängig Johann Kaspar Lavaters *Physiognomische Fragmente* zu vergleichen, die Lichtenberg hier parodiert. Ziel solcher Parodie sind aber zugleich alle Neutöner etwa auch im Umkreis des jungen Goethe und des Straßburger Sturm und Drang. Auf den durchgehaltenen derb-sexuellen Nebensinn (und alle weiteren Konnotationen; Lichtenberg unterscheidet einmal ›caudae propriae und impropriae‹, eigentliche und uneigentliche Schwänze) der Tierschwänze und Studentenzöpfe müsste kaum hingewiesen werden, wenn nicht ein früherer Kommentator geglaubt hätte, die Schwänze mit den Bändern an studentischen Spazierstöcken identifizieren zu können.

Schrecken Israels: die jüdische Speisevorschrift verbietet den Genuss von Schweinefleisch. | *Ur-Genie:* eine der zentralen (positiven) Wertungsvokabeln des Sturm und Drang und innerhalb der Lavater'schen *Physiognomischen Fragmente* geradezu inflationär gebraucht. | *Meisterstück:* der Mensch. | *aut Caesar, aut nihil:* entweder Caesar oder nichts. Wahlspruch des Cesare Borgia. | *Marx:* der hl. Markus, dessen Symbolfigur bzw. Wappentier der Löwe ist. | *gerochner:* gerächter; schon damals veraltete starke Bildung. | *Molliter ossa quiescant:* Mögen seine Gebeine sanft ruhen (Vergil, *Eclogae* 10,33). | *G…:* Göttingen, nicht erst durch Lichtenbergs *Timorus* oder Heinrich Heines *Harzreise* berühmt für seine Mettwürste. | *beschnittenen und unbeschnittenen:* jüdischen und christlichen. | *Adonis:* Den sprichwörtlich schönen Geliebten der Aphrodite hatte Ares in Ebergestalt aus Eifersucht umgebracht. | *Herkules-Bekämpfers:* Zu den zwölf Aufgaben des Herakles gehörte die Bezwingung des Erymanthischen Ebers. | *Elater:* in der Physik des 17. und noch des 18. Jahrhunderts die ›elastische‹ / ausdehnende Kraft (z.B. von Gasen). | *Philistertod:* Dem Bürger (studentisch ›Philister‹), insbesondere wenn er Gläubiger war und das ›Conto‹ bei ihm ›unbezahlt‹, brüllte der wackere Musensohn ein ›pereat‹: ›er möge untergehen‹ auf der Straße zu. | *Rüttgerott:* Johann Heinrich Julius Rüttgerodt (1731–1775), wegen mehrfachen Mordes im südniedersächsischen Einbeck hingerichtet, sollte eins der schlimmsten, wenn auch eingestandenen Debakel der Physiognomik als Wissenschaft werden: Johann Georg Zimmermann (1728–1804) in Hannover hatte Lavater die Silhouette Rüttgerodts gesandt, der ihn sofort als »das größte schöpferische Urgenie, dabey drollig und boshaft witzreich« apostrophierte; er korrigierte dann, auf den Irrtum aufmerksam gemacht, sein Urteil anhand des Vollbildes (»die Physiognomie eines Unmenschen, eines eingefleischten Teufels«) – und publizierte beide Deutungen in den *Physiognomischen Fragmenten* 2, 1776,194. | *Liedchen ... Küsschen:* Die tändelnde Poesie des Rokoko lebte wesentlich vom Kleinen – bis zur Unerträglichkeit mit dem Diminutiv ausgedrückt. | *englisch in beiderlei Verstand:* britisch und engelhaft. | *Freitisch in der Quaste:* Zu den (wenigen) sozialen Einrichtungen an Universitäten des 18. Jahrhunderts gehörten die »Freitische«, zumeist zentral verteilte und überwachte Essgelegenheiten für mittellose Studenten, oft in Privathäusern oder bei Speise wirten; die dafür erforderlichen Geldmittel stammten teils aus individuellen wohltätigen Stiftungen, teils aus landsmannschaftlichen Zuwendungen (z. B. von Souveränen, die über keine eigene Universität verfügten und daher ihre Landeskinder an der fremden Universität unterstützen ließen). | *Pusillanimität:* Kleinmütigkeit. | *Informiert:* Unterrichtet. | *Purschenhaar:* Studentenhaar. | *Beisassen:* Einwohner ohne Bürgerrecht. | *schwänzen:* nicht ins Kolleg gehen. | *alterniert:* wechselt ab. | *Haarbeutel:* darin konnte das hintere Haupthaar verpackt werden.

127,1 Die Datierung in *Briefwechsel* 1 (Nr. 422: 1777/1778) ließ sich anhand der Bierliste im Notizheft Pro Memoria 1777: Universitätsbibliothek Göttingen, Nachlass Lichtenberg IV, 43 p. 20 präzisieren, da dort die Flasche für »Prof. Meister« unter dem 30.12.1777 angeführt ist.

Bier: Lichtenberg hatte sich aus England Originalbier schicken lassen, das nun sorgsam an Göttinger Freunde verschenkt bzw. selbst getrunken wurde – bei eingehender überlieferter Buchführung. | *Hieb auf HE. Lavater: Physiognomische Fragmente*; vgl. den vorstehenden Text. | *Mob'le:* Mobile, das Bewegliche. | *Bouteille Burton-Ale:* Flasche englischen Weizenbiers aus Burton in Staffordshire. | *Nit'r und Sulphur:* Salpeter (Nitrium) und Schwefel. | *Ratio:* Ermöglichungsgrund; satirische Anspielung auf die Schulphilosophie der Aufklärung, etwa Christian Wolffs Logik. | *Mathesin:* Lernen, Erfahrung (Akk.). | *Praeter propter:* ungefähr.

129,1 *Stüber:* niederdeutsche Scheidemünze von geringem Wert, regional unterschiedlich ein Sechzigstel bis ein Fünfzigstel eines Talers.

129,2 *Flintenschlosses Spannung:* die damaligen Feuersteinschlösser mussten vor dem Schuss gespannt werden. | *Kornes-Allignierung:* Ausrichtung von Kimme und Korn (frz. *aligner*). | *Zäpfchens:* Abzugshebels. | *Gestochen:* das Stechschloss gespannt; meint: Abzug scharf eingestellt.

Howard ... Cartouche ... Gassner ... Lamettrie, Rüttgerod ... Boerhave: der Schwindler Johann Joseph Gassner (1727–1779), der Philosoph Julien Offray de Lamettrie (1709–1751), der Forscher Herman Boerhaave (1668–1738), der Philanthrop und Gefängnisreformer John Howard (1726–1790), die Verbrecher Rüttgerodt (vgl. Anm. zu 120,2) und Louis Dominique Cartouche (1693–1721) als neuzeitliche »Ur-Genies«. | *lebendig ... gerädert:* Gemäß den Akten wurde Simmen dann doch zum Tod durch das Schwert begnadigt. | *Der Herzog:* Ernst Ludwig II. von Gotha (1745–1804). | *zeichnen ... beschrieben:* Christian Friedrich Stuss: *Über den hingerichteten Mörder Simmen in psychologischer und physiognomischer Hinsicht*. Gotha 1782. Mit einem Porträt als Frontispiz.

130,1 *Obersächsischen:* im Sinne der Reichskreise liegt das Herzogtum Gotha in Obersachsen; das Kurfürstentum Hannover gehörte zum Niedersächsischen Reichskreis. | *Original-Kopfs:* für Lichtenberg immer ironisch. | *4 Quartanten:* Lavaters *Physiognomische Fragmente* waren in vier Quartbänden erschienen (s. die vorangehenden Satiren). | *verbotenus:* wörtlich. | *Independenz von Amerika:* Unabhängigkeit vom englischen Mutterland 4.7.1776. | *Schleichhändler-Talent:* Schmuggler-Talent; wohl auch Seitenhieb auf den Raubdrucker Tobias Göbhardt (1734?–1794), den Lichtenberg immer nur Schleichdrucker nannte. | *Flintenschloss-Spannung ... gestochen:* s. Anm. zu 129,2. | *Volksdichter*: von den Aufklärern wurde die von Johann Gottfried Herder und dem Straßburger Sturm und Drang beförderte natürliche Volkspoesie als Blödsinn abgetan; vgl. etwa Friedrich Nicolais polemischen *Kleynen Feynen Almanach* (2 Jahrgänge 1777 und 1778). | *Schwärmer:* Verrückter, Empfindsamer, Stürmer und Dränger. | *Longitudinist:* einer, der versucht, die geographische Länge auf dem Meer zu bestimmen (eines der vorrangigen Probleme der Seefahrt im 18. Jahrhundert) – und der hier darüber wahnsinnig wird. | *Zirkulquadrierer:* jemand, der versucht, die Quadratur des Zirkels (die Umwandlung eines Kreises in ein Quadrat gleichen Flächeninhalts) zu finden. Ganz dem Beschluss der Pariser Akademie 1773 entsprechend, keine weitere Lösungsversuche hierin zur Prüfung anzunehmen, ist bei Lichtenberg der Ausdruck synonym für ›Verrückter‹. | *Urin- oder Silhouetten-Beseher:* in der älteren Medizin war die Urinbeschau probates diagnostisches Mittel. Wohlgemerkt: Lichtenberg war, wie die Urinbeobachtungsnotizen in seinem *Tagebuch* 1789 ff. beweisen, offensichtlich selber auf der Suche nach Regelhaftigkeiten gewesen. | *Karrengefangener:* Schwerverbrecher wurden damals zur Karre (Schwerstarbeit im Wege- oder Festungsbau) verurteilt. | *von unten herauf gerädert:* s. Erl. zu 129,2. | *Herzog:* von Gotha. | *Wagenmeister:* Aufseher der Stadtwaage, damals in Göttingen der hier gemeinte Karsten Bruns (1729–1782).

132,1 *drame serieux:* ernsten Schauspiels. | *Der Geist ist willig, aber –:* ergänze: das Fleisch ist schwach (Mt. 26,41). | *verbotene Fleck, vor welchem Castor und Pollux tanzen, wenn oben drüber gegeigt wird:* was gemeint ist, bedarf wohl keiner Entschlüsselung. Kastor und Pollux, die Dioskuren, sind die beiden Zwillingssöhne des Zeus; ›geigen‹ hatte metaphorisch im 18. Jahrhundert schon denselben obszönen Nebensinn wie heute.

133,1 Was zuvor (vgl. 120,1) bloß ein privater Ulk Lichtenbergs gewesen ist, nämlich den Briefstil und die drollige Orthographie und Grammatik seines Herzensfreundes zu parodieren, trägt er nun in die Öffentlichkeit – es wird den Verulkten aber nicht gekränkt, ihm vielmehr geschmeichelt haben.

Lebenschronik Lichtenbergs

1742 1. Juli: Geburt von Georg Christoph Lichtenberg in Ober-Ramstadt als 17. und letztes Kind (es überlebten aber nur fünf Kinder die Geburt und die ersten Jahre) seiner Mutter Henriette Katharina, geb. Eckhardt aus Bischofsheim (1696–1764) und des Pfarrers Johann Conrad Lichtenberg (1689–1751).

1745 Umzug der Familie nach Darmstadt (Wohnung neben der Stadtkirche; der Vater ist Stadtprediger, 1750 Superintendent). Besuch der Stadtschule.

1751 Tod des Vaters, Umzug der Familie ins Haus des Onkels Graupner (heute Luisenstraße).

1752 Eintritt in die Tertia des Darmstädter Pädagogiums; bleibt bis 16.9.1761 (wegen des Siebenjährigen Krieges drei Jahre in der universitäts-propädeutischen Selecta); verlässt Darmstadt (für immer).

1763 21. Mai: Immatrikulation an der Georgia Augusta in Göttingen; bis 1767 Studium der Mathematik, Physik, ziviler und militärischer Baukunst, Ästhetik, englischer Sprache und Literatur, Staatengeschichte Europas, Diplomatik und Philosophie. Zwei Jahre genießt er ein knappes landgräfliches Stipendium, danach ernährt er sich selbst.

Jahreswechsel 1764/1765: Beginn der überlieferten Merkbuch-Aufzeichnungen (seit 1825 von Rahel Varnhagen *Aphorismen*, heute unter Anwendung von Lichtenbergs selbstironischem Ausdruck gern *Sudelbücher* genannt), lebenslang fortgeführt (bis Buch *L*).

1766 Beginn der unter Kästners Anleitung betriebenen astronomischen Arbeit auf dem Göttinger Observatorium (bis 1774).

1767 17. August: Ernennung zum »Zweiten Professor in der Mathematik« und »Öffentlichen Lehrer der Englischen Sprache« in Gießen; die Stellen hat Lichtenberg nie angetreten.

1770 25. März: Erste Reise nach England (bis Mitte Mai).
Ende Mai: Ernennung zum Professor extraordinarius in Göttingen.
Lichtenberg kündigt Vorlesungen an über mathematische Probleme, ausgewählte Kapitel zu astronomischen Berechnungen, Himmelsbeobachtungen (Programmschrift: *Betrachtun-*

gen über einige Methoden, eine gewisse Schwierigkeit in der Berechnung der Wahrscheinlichkeit beim Spiel zu heben über das so genannte »Petersburger Problem«).

März 1772 bis November 1773: Lichtenberg bestimmt die geographische Position von Hannover, Osnabrück und Stade astronomisch, um bei der geodätischen Landvermessung die Karten einmessen zu können (die Ergebnisse wurden 1776 gedruckt).

1774 13. April: Aufnahme als außerordentliches Mitglied in die Mathematische Klasse der Königlichen Sozietät der Wissenschaften zu Göttingen (seit Januar 1779 Ordentliches Mitglied).
August: Zweite Reise nach England; bis Dezember 1775.

1777 April: Lichtenberg entdeckt durch Zufall beim Abschleifen der Harzplatte seines Elektrophors die nach ihm benannten, auf Gleitentladung beruhenden Figuren (Bericht: *De nova methodo naturam ac motum fluidi electrici investigandi. Commentatio prior* erscheint erst 1778); erstmals lässt sich mit ihnen sichtbar demonstrieren, dass positive und negative Elektrizität unterschiedlich erscheinen: Lichtenberg setzt damit die von Benjamin Franklin vorgeschlagenen Zeichen +/– durch.

1780 Juni: Bau des ersten Blitzableiters in Göttingen (an Lichtenbergs Gartenhaus). *Observationes super dubiis quibusdam circa aptitudinem vulgatae mensurae sortis.* [Vortrag, nochmals zum »Petersburger Problem«, vor der Sozietät der Wissenschaften; nicht überliefert].

1782 Juli/August: Krankheit und Tod von Lichtenbergs großer Liebe Marie Dorothea Stechardin.

1783 November: Intensive Versuche mit »aerostatischen Maschinen« (Ballons); Plan eines eigenen Aufstiegs (der nicht zustande kam).

1784 *Johann Christian Polycarp Erxlebens Anfangsgründe der Naturlehre. 3. Aufl. Mit Zusätzen von G. C. Lichtenberg*. Es folgen noch weitere drei Überarbeitungen Lichtenbergs (1787, 1791, 1794). Bis zur Jahrhundertwende ist seine Ausgabe das führende Physiklehrbuch an deutschen Hochschulen; es erscheinen mindestens fünf unrechtmäßige Nachdrucke der verschiedenen Auflagen und Übersetzungen zumindest ins Polnische (1788), Russische (1789) und Dänische (1790).

Bildlegende von Johann Georg Zimmermann:
»Herr Professor Lichtenberg in Göttingen. Sehr ähnlich.«

1789 5. Oktober: Beginn der großen Krankheit (krampfartige Asthmaanfälle mit schwerster Atemnot als Folge der Lungeninsuffizienz durch den Buckel), die ihn nun bis zu seinem Tod begleiten wird; daher Eheschließung mit Margarete Elisabeth Kellner (sie schenkte ihm zwischen 1784 und 1797 acht Kinder).

1793 11. April: Ernennung zum Mitglied der Royal Society in London.

1799 24. Februar: Letzte Krankheit (Lungenentzündung aus denselben Ursachen wie der akute Schub zehn Jahre zuvor) und Tod Lichtenbergs.

Literaturhinweise

Der folgende Leitfaden zur weiterführenden Lektüre beschränkt sich auf leicht zugängliche, teilweise noch lieferbare Monographien, Sammelbände und wenige Zeitschriftenaufsätze. Für weitere Beschäftigung mit Lichtenberg seien zunächst die Bücher von Wolfgang Promies und Gert Sautermeister empfohlen.

I. Werkausgaben

Vermischte Schriften. Hrsg. von Ludwig Christian Lichtenberg und Friedrich Kries. 9 Bde. Göttingen: Dieterich, 1800–1806.

Vermischte Schriften. Neue vermehrte, von den Söhnen veranstaltete Originalausgabe. Bde. 1–14. Göttingen: Dieterich, 1844–1853.

Aus Lichtenbergs Nachlaß. Aufsätze, Gedichte, Tagebuchblätter, Briefe. Hrsg. von Albert Leitzmann. Weimar: Böhlau, 1899.

Chodowiecki und Lichtenberg. Daniel Chodowiecki's Monatskupfer zum *Göttinger Taschen Calender* nebst G.C. Lichtenberg's Erklärungen 1778–1783. Mit einer kunst- und litteraturgeschichtlichen Einleitung hrsg. von Dr. Rudolf Focke. Leipzig: Dieterich, 1901.

Georg Christoph Lichtenbergs Aphorismen. Nach den Handschriften hrsg. von Albert Leitzmann. 5 Hefte. Berlin: Behr, 1902–1908.

Schriften und Briefe. Hrsg. von Wolfgang Promies. Bde. 1–4 und Kommentar zu Bd. 1/2 u. zu Bd. 3. München: Hanser, 1967–1992.

Lichtenberg in England. Dokumente einer Begegnung. 2 Bde. Hrsg. von H.L. Gumbert. Wiesbaden: Harrassowitz, 1977.

Briefwechsel. Hrsg. von Ulrich Joost und Albrecht Schöne. München: C.H. Beck, Bd. 1 (1765–1779) 1983, Bd. 2 (1780–1784) 1985, Bd. 3 (1785–1792) 1990, Bd. 4 (1793–1799) 1992, Bd. 5 (Nachträge. Register) 2003.

II. Bibliographien und Forschungsberichte

Lauchert, Friedrich: G. Chr. Lichtenberg's schriftstellerische Tätigkeit in chronologischer Uebersicht dargestellt. Göttingen: Dieterich, 1893.

Jung, Rudolf: Lichtenberg-Bibliographie. Heidelberg: Stiehm, 1972.

Baasner, Rainer: Georg Christoph Lichtenberg. Darmstadt: Wissenschaftliche Buchgesellschaft, 1992.

III. Aufsatzsammlungen, Periodica, Buchreihen

Aufklärung über Lichtenberg. Hrsg. von Wolfgang Promies. Göttingen 1974.

Das 1. [und 2. Lichtenberg-Gespräch 1972 [1977]. Ober-Ramstadt 1974 [1982].

Photorin. Mitteilungen der Lichtenberggesellschaft. Hrsg. von Wolfgang Promies. Heft 1–12. Saarbrücken 1979–1987.

Lichtenberg. Streifzüge der Phantasie. Hrsg. von Jörg Zimmermann. Hamburg 1988.

Lichtenberg-Studien. Hrsg. von Ulrich Joost und Stefan Brüdermann. Göttingen 1989 ff.

Lichtenberg-Jahrbuch. Hrsg. von Ulrich Joost, Wolfgang Promies u.a. Saarbrücken. (Bislang 23 Bde., erschienen 1989–2010).

Arnold, Heinz Ludwig (Hrsg.): Georg Christoph Lichtenberg. Text + Kritik (Zeitschrift für Literatur) Heft 114. München 1992.

Die Horen. Zeitschrift für Literatur, Kunst und Kritik. 44. Jg., Bd. 1 (1999), H. 193 [Sonderheft:] »Lichtenberg lesen!« oder: »Wer Augen hat, der sieht alles in allem.« Lebens- und Werkspuren, zusammengestellt von Wolfgang Promies.

Mondot, Jean (Hrsg.): Lectures d'une œuvre. Les Aphorismes de Lichtenberg. Ouvrage collectif coordonné par Jean Mondot. Paris 2001.

IV. Gesamtdarstellungen und Untersuchungen

Beutel, Albrecht: Lichtenberg und die Religion. Tübingen 1995. (Beiträge zur historischen Theologie 93.)

Deneke, Otto: Lichtenbergs Leben. Bd. 1. München 1944.

Fricke, Harald: Aphorismus. Stuttgart 1984.

Gockel, Heinz: Individualisiertes Sprechen. Lichtenbergs Bemerkungen im Zusammenhang von Erkenntnistheorie und Sprachkritik. Berlin / New York 1973.

Gravenkamp, Horst: Geschichte eines elenden Körpers. Lichtenberg als Patient. Göttingen 1989. 2. durchges. Aufl. 1992 (Lichtenberg-Studien 2).

Grenzmann, Wilhelm: Georg Christoph Lichtenberg. Salzburg/Leipzig 1939 [1938].

Hahn, Paul: Georg Christoph Lichtenberg und die exakten Wissenschaften. Materialien zu seiner Biographie. Göttingen 1927. (Vorarbeiten zur Geschichte der Göttinger Universität und Bibliothek 4.)

Joost, Ulrich: Lichtenberg – der Briefschreiber. Göttingen 1993 (Lichtenberg-Studien 5).

– Georg Christoph Lichtenberg. In: Deutsche Dichter. Leben und Werk deutschsprachiger Autoren. Hrsg. Von Gunter E. Grimm und Frank Rainer Max. Bd. 3: Aufklärung und Empfindsamkeit. Stuttgart 1988.

Jung, Rudolf: Studien zur Sprachauffassung Georg Christoph Lichtenbergs. Versuch einer Interpretation der sprachphilosophischen Aphorismen. Diss. phil. masch. Frankfurt a. M. 1968.

Kleineibst, Richard: G. Ch. Lichtenberg in seiner Stellung zur deutschen Literatur. Straßburg 1915.

Mautner, Franz H.[einrich]: Lichtenberg. Geschichte seines Geistes. Berlin 1968.

Neumann, Gerhard: Ideenparadiese. Untersuchungen zur Aphoristik von Lichtenberg, Novalis, Friedrich Schlegel und Goethe. München 1976.

Patzig, Günther: Über den Philosophen Lichtenberg. In: Zum 175. Todestag des Göttinger Physikers, Schriftstellers, Philosophen Georg Christoph Lichtenberg. [Ausstellungskatalog. Städtisches Museum Göttingen.] Hrsg. von Waldemar Röhrbein. Göttingen 1974, S. 45–51. Wiederabgedr. in: Arnold (s. S. 224).

Promies, Wolfgang: Georg Christoph Lichtenberg in Selbstzeugnissen und Bilddokumenten. 5. Aufl. Reinbek 1999.
Requadt, Paul: Lichtenberg. (2., erw. Aufl.) Stuttgart 1964.
Sautermeister, Gert: Georg Christoph Lichtenberg. München 1993.
Schöffler, Herbert: Lichtenberg. Studien zu seinem Wesen und Geist. Göttingen 1956.
Schöne, Albrecht: Aufklärung aus dem Geist der Experimentalphysik. Lichtenbergsche Konjunktive. 2., überarb. Aufl. München 1983.
Spicker; Friedemann: Vom »Sudelbuch« zum »Aphorismus« – Lichtenberg und die Geschichte des Gattungsbegriffes (I). In: Lichtenberg-Jahrbuch 1997 (1998). S. 96–115. – (II). In: Lichtenberg-Jahrbuch 1998 (1999). S. 115–135.

Abbildungsnachweis

Nachwort

Es muss munter zugegangen sein im Kolleg des Göttinger Professors für Experimentalphysik Georg Christoph Lichtenberg: die aufregenden, spektakulären, überraschenden Versuche, bei denen es stadtnotorisch knallte und stank, wurden von heiteren Seitenbemerkungen, scharfsinnigen oder wenigstens witzigen Sprüchen, aber auch wohl tiefen Einsichten in nachdenklichen Aussprüchen durch den Vortragenden begleitet. Ein wenig von diesen Worten, viel zu wenig, sind in einigen Vorlesungsnachschriften und in Lichtenbergs eigenen Manuskripten und »Heften« erhalten, die, von ein paar im 19. Jahrhundert publizierten Anekdoten abgesehen, gänzlich unbekannt blieben – man plant, sie im Lauf der nächsten zwei Jahrzehnte endlich aus ihrem Dornröschenschlaf im Göttinger Nachlass zu erwecken. Zum Druck gebracht hat aber der gefürchtete Polemiker und die Aufklärung popularisierende Kalendermacher selbst davon nichts oder doch nur das wenige, was er in den kleinen Aufsätzen etwa im *Göttinger Taschen Calender* als Pointen versteckte.

Zugleich scheint Lichtenberg doch immer gewusst zu haben, dass in dieser prägnanten Formulierungskunst seine überragende Stärke lag – und folglich sein Hauptwerk in den verborgenen Notizenbüchern steckte, die er mit nachgerade ritueller Gleichförmigkeit füllte, wenn er über 30 Jahre hindurch ungefähr zweimal wöchentlich sich an sie setzte und derlei zugespitzte Formulierungen, ernstschwere Gedanken oder wenigstens bemerkenswerte Lesefrüchte eintrug. Und so ist Lichtenberg heute »der mit den Aphorismen« geworden, der als Eideshelfer für jede politische Couleur in der Politikerrede glänzt und als Lieferant der nicht mehr länger sakralen Losungen und der Tagessprüche in den Zeitungen und auf dem Abreißkalender fungiert. Ob er diese Entwicklung wohl geahnt hatte, als er im Sudelbuch notierte: »Arschwische mit Mottos?« Seine Notizbücher, bemerkte er einmal im Zusammenhang mit einem Plan einer »Heautobiographie«, sollten »der bösen Welt wegen« frühestens nach seinem Tode bekannt werden. Aber vorstellen konnte er sich eine Publikation der eigenen philosophischen Gedanken im pointierten, ja witzigen Kleide auch zu Lebzeiten. In seinen Briefen lässt er gelegentlich ein Feuerwerk kleiner Kurzsatiren abbrennen, und den Plan einer kleinen Sammlung von »Aphorismen zur Physik« hat er mindestens zehn Jahre lang in jenen geheim gehaltenen Aufzeichnungen, den selbstironisch »Sudelbücher« genannten, verfolgt und für eine solche Publikation gesammelt.

Was der bucklige große Gelehrte und Funken sprühende akademische Lehrer aus dem südhessischen Ober-Ramstadt, aufgewachsen in der Residenz einer Landgrafschaft, ausgebildet an der britisch-hannoverischen »Königin der Universitäten«, an der er sein Leben lang bleiben sollte, gedacht und beobachtet und auf einmalige Weise formuliert hat, das gehört ohne jede Frage zu dem bedeutendsten Ertrag seiner Epoche, weit über die engen Grenzen einer deutschen Nationalliteratur hinaus. Die Quintessenz eines Denkerlebens ist dieses versteckte Werk geworden, und das unauslesbarste Buch der deutschen Literatur obendrein. Man wird selbst nach der sechsten Lektüre noch beim siebenten Anlauf Bemerkungen und Gedanken finden, die man zuvor überlesen oder nicht beachtet hatte – oder in einem längst bekannten Diktum noch einen neuen Sinn wiederfinden. Auch wenn Friedrich Nietzsche ihn in einer wunderlichen Folge von Nachbarn nennt (Eckermanns Gesprächen mit Goethe etwa), als er Lichtenbergs Aphorismen unter die wichtigsten Werke der deutschen Literatur rechnete: Es stehen diese

Sudelbücher ganz oben auf der Liste der Bücher, die man auf eine einsame Insel mitnehmen will – und soll.

Nun ist an Auswahlausgaben aus dem Werk Georg Christoph Lichtenbergs, insonderheit aus jenen *Sudelbüchern,* nachgerade kein Mangel; im vergangenen Jahrhundert werden es weit mehr als ein halbes Hundert selbständiger, vom schmalen Leseheft bis zum stattlichen Band, gewesen sein; gesammelte Werke, Übersetzungen und unselbständig erschienene Sammlungen etwa in Literaturzeitschriften und in Aphorismen-Anthologien nicht mitgerechnet. Aus Lichtenbergs insgesamt über 8400 Sudelbuch-Notizen hat sich im Laufe der Zeit (natürlich nicht zuletzt unter dem Einfluss solcher Anthologien) ein Kanon herausgebildet, wenn der auch stark schwankend blieb, denn in diesem Werk findet wohl jeder Leser auch für seine eigenen Bedürfnisse etwas Passendes.

Im vorliegenden Band wird daher (Teil II) dem Bedürfnis nach dem »Klassiker« Lichtenberg Rechnung getragen, dem Lichtenberg jener Dicta, die mehr oder minder verballhornt zum unveräußerlichen und kanonischen Bestandteil unserer Kultur und öffentlichen Rede geworden sind. Auch durfte gerade bei den Bemerkungen aus spitzer Feder, die seinen Ruf als gefährlichen Satirenschreiber begründet haben, nicht an Raum gespart werden: Diese witzigen Boshaftigkeiten sollten hier einmal wieder dichter beieinander stehen. In diese an sich kanonische Rubrik wurden zusätzlich ein paar Notizen eingestreut, die durch den Umstand in Vergessenheit zu geraten drohten, dass sie noch nie in einer Werkausgabe gestanden haben; ein paar blieben bisher sogar ganz ungedruckt. Man wird andererseits aber auch sicherlich ein paar liebgewordene Bemerkungen vermissen. Ich berufe mich dabei außer auf mein Recht auf Subjektivität vor allem auf den Umstand, dass einige gerade der immer wieder zitierten Dikta gar nicht von Lichtenberg herrühren, sondern von ihm nur exzerpiert, umgebildet oder besser formuliert waren (zum Beispiel der Dialog zwischen dem Lahmen und dem Blinden, oder das schier unvermeidliche »zweite paar Hosen«, das man unbedingt verkaufen solle, um »dieses Buch« – meint natürlich: vorliegende Auswahl – zu erwerben).

Die vorliegende Sammlung lässt indessen noch einen neuen oder doch ungewöhnlichen Ansatz erkennen – auch wenn dieser ziemlich hybrid ist. Ziel der schmalen Auswahl soll sein, Lichtenberg aus der Notwendigkeit einer historisch unbedingt verzerrenden Auswahl in sein historisches Recht zurück zu versetzen, ihm zu ermöglichen, das anzugehen, was er selbst zu Lebzeiten nicht fertig gebracht hat, es aber immer wieder tun zu wollen erklärt hatte.

Lichtenberg hat lebenslang das Aufzeichnen seiner Gedanken als eine präzise und mit größter Regelmäßigkeit zu bewältigende Arbeit angesehen – aus welchen Motiven auch immer: sei es aus einem säkularisierten, aber ehemals doch religiösen Eifer, sei es aus dem Forscherdrang des Selbst- und Fremdbeobachters, sei es zu dem Zweck, sich einen Materialberg für zukünftige Publikationen aufzuhäufen. Vermutlich sind alle drei Erklärungen jeweils zu ihrer Zeit zutreffend.

Nun hat er lebenslang seine Notizen zwar zurückgehalten, sie aber doch hie und da »im Zusammenhang erprobt«. Wir wissen das, wie zuvor angedeutet, aus seinen Vorlesungen, weniger noch aus seinen eigenen Manuskripten (denn er scheint gerade bei seinen Scherzen meist improvisiert zu haben), aber aus den Mitteilungen der Studenten. Kenntnis bekommt man davon in seinen Briefen und schließlich sogar aus den von ihm selbst zum Druck gebrachten Schriften, den Kalenderaufsätzen und Satiren.

Literaturwissenschaftler (und vielleicht auch manchmal Literaturfreunde) vergessen gar zu rasch, dass Lichtenberg Physiker war und keineswegs ausschließlich, ja nicht einmal zuerst für sie geschrieben hat. Daher steht es dem vorliegenden Büchlein wohl an, wenn (genauso wie Lichtenberg auch in der hinteren Hälfte seiner *Sudelbücher*, dort allerdings rückwärts vom Schluss zur Mitte hin laufend, seine naturwissenschaftlichen Eintragungen gemacht hat) auch wir im dritten Teil eine Auswahl zusammenstellen, die sich unmittelbar auf diesen Willen zurückführen lässt. Er überschrieb nämlich den hinteren Teil seines Buchs *J* mit: »Vermischte Anmerkungen (eigentlich bloß Fingerzeige) für Physik und Mathematik«. Man könnte sie auch mit einem anderen Diktum von ihm »Vermächtnisse« überschreiben (»man vermacht ja auch Kleinigkeiten«, heißt es da weiter). Oder, wie er sich einmal ausdrückte: »Wie kann daraus eine der CCC Fragen an Physiker und Mathematiker formiert werden?« [J 1531]. Dreihundert sollten es werden; und die hat er in den letzten zehn Jahren seines Lebens deutlich in der Graphie von den übrigen Eintragungen abgesetzt: indem er sie nämlich statt in der sonst lebenslang geübten und verfochtenen deutschen Schrift mit lateinischen Buchstaben schrieb, ja sie manchmal noch zusätzlich unterstrich. So viel ließen sich im überlieferten Bestand der Handschriften schon nicht mehr vorfinden; nur ungefähr 125 können zweifelsfrei nachgewiesen werden. Eine bedeutende Fülle von Material zu diesem Ziel könnte mit dem verschollenen Buch *K* vielleicht für immer verloren sein, denn das Erhaltene, was Lichtenbergs überlebender älterer Bruder Ludwig Christian zusammen mit seinem Schüler Friedrich Kries – und nachher, 44 Jahre später, seine Söhne –

mitgeteilt haben, ist von diesen ersten Herausgebern typographisch egalisiert worden. Aber es gab noch reichlich genug Material, um sich der gewünschten Zahl »CCC« anzunähern, genug Texte, die nach Haltung und Duktus wenigstens in dieser Weise von ihm graphisch hätten hervorgehoben sein können. Greift man dann noch zu den viel zu wenig beachteten frühen *Sudelbüchern* oder den Sudel- und Exzerptenheften, so bemerkt man unmittelbar eine erstaunliche Kontinuität des Denkens: der noch ganz junge, kaum dem Studium entwachsene Physiker richtet seinen (nur scheinbar) altklugen Blick auf das »große Ganze«, dem ebenso später die (nur scheinbar) altersweisen Gedanken des letzten Lebensjahrzehnts gelten werden. Viele Notizen mit Überlegungen zur Experimentalvorlesung scheinen, da sie 1799 nicht zu verwirklichen gewesen wären, heute doch noch vielfältige Anregungen zu enthalten. Ich habe aber unter ihnen die kürzeren vorgezogen und auch diejenigen eher weggelassen, die eingehenderer physikalischer Erklärungen bedurft hätten. So kamen damit die von Lichtenberg avisierten 300 Stücke zusammen, was freilich nur möglich war durch den Kunstgriff, eine geschlossene Folge von über zwanzig Fragen Lichtenbergs auf einem ins Sudelbuch geklebten Zettel, die Wolfgang Promies in seiner Nummernfolge sozusagen vereinzelt hatte, wieder als *eine* Notiz zu begreifen. Der Kernphysiker Peter Brix hat seinen Schülern derlei »Ratschläge an junge Physiker« immer weitergegeben – ihm sei die Sammlung als dem Anreger auch zugeeignet.

Ein bisschen mag die kühne Anordnung und Publikation eines solchen hybriden Lehrbuchs an die Methode der Odysseus-Gattin Penelope erinnern, die, um die zudringlichen Freier hinzuhalten, allnächtlich das am Tage Gewebte wieder aufdröselte – indem hier nämlich chronologische

Folgen und ganz andersartige Nachbarschaften aufgelöst und das Aufgeribbelte dann neuerlich verstrickt wird. Indes scheint mein Verfahren durch die vorstehend zitierten Verdikte von Lichtenberg einigermaßen gedeckt.

Die Begründung fällt ungleich schwerer bei den im Anschluss zusammengestellten Kurzsatiren. Lichtenberg begann jedenfalls frühzeitig, seine noch überwiegend unselbständig exzerpierten Notizen auf allerlei Pläne hin zu trimmen. Die Sammlung loser Manuskriptlagen, die heute als Buch *B* bezeichnet wird, trägt den Umschlagtitel: *Jocoseria* – »Scherzernsthaftes«, dürfte also stark als Steinbruch für Aperçus im Unterricht und ernsthafte Weisheiten im Professorenclub verwendet worden sein. Und seit dem Buch *D* findet sich eine Fülle von Bruchstücken, die erkennbar bestimmt sind für eine Satire gegen allerlei Absonderlichkeiten des 18. Jahrhunderts. Lichtenberg hatte sogar in einer seltsamen Fehleinschätzung des eigenen Talents den ernsthaftesten Plan, einen satirischen Roman zu schreiben, in dem sie alle ihren Teil abbekommen sollten: Die Stürmer und Dränger, die Physiognomisten, die Empfindsamen, die Kritiker im Umkreis der *Frankfurter Gelehrten Anzeigen;* sowie auch gesellschaftliche Missstände aller Art. Glücklicherweise, wage ich zu behaupten, wurde nichts daraus, denn es fehlte ihm eben doch an langem Atem, an Überblick, den ein Romanautor braucht – und vor allem an Fabuliertalent. Er soll zwar in Gesellschaften ein glänzender Geschichtenerzähler gewesen sein, wie wiederholt berichtet wurde. Aber auf dem Papier schien ihm das vermutlich unbedeutend und belanglos. Insgesamt sollte es in seinem Leben Pläne für mindestens drei, vielleicht sogar fünf verschiedene Romane geben. Die satirischen Bruchstücke und Entwürfe, die er in den Sudelbüchern verstreut hatte, haben sein Bruder und Friedrich Kries in ihrer Ausgabe gesondert versammelt, was dann später seine Söhne nochmals wiederholt haben. Über die meisten dieser Entwürfe sind nach Zielrichtung und Gestaltung die Zeiten hinweggeschritten; es fällt manchmal schwer, hinter der mit allzu viel Gelehrsamkeit hantierenden, doch allzu gesuchten rhetorischen Taktik den Lichtenberg'schen Witz zu entdecken. Denn obgleich die Entwürfe, charakteristisch für Lichtenbergs Arbeitsweise, eher unzusammenhängende Kurzsatiren sind, so lassen sich doch nur wenige dieser für sich fein geschliffenen Stücke aus den *Sudelbüchern* heute noch wirklich genießen. Deshalb wurde sich hier auf ganz wenige Beispiele beschränkt.

Aber Lichtenberg hatte doch ein kleines Publikum, dem er ab und zu sein satirisches Talent im kleinsten Kreis direkt demonstrierte: neben dem Professorenclub, dem er ein paar Jahre angehörte, sind das seine Briefempfänger. Damit erschließt sich aber ein Beobachtungsfeld, auf dem Lichtenberg und sein Witz ungleich leichtfüßiger daherkommen. Aus den Briefen, in die er eine lange Reihe von heiteren, manchmal noch heute ausgesucht komischen Parodien und Pastiches eingelegt hatte, wurde für diesen Band eine kleine Sammlung von Kurzsatiren zusammengestellt, die er im Randbereich von privater und öffentlicher Sphäre erprobte – es sind nicht seine schlechtesten Texte, und die heitere »Urbanitas« seiner Ironie ist hier beileibe nicht so aggressiv und verletzend wie in seinen öffentlichen Polemiken.

So mag die vorliegende kleine Auswahl sich in ihrer Gesamtheit dann doch in die aufklärerische Tradition des Rabener'schen »lachend bessern und belehren« stellen, des Horaz'schen »nützen und vergnügen«, oder mit Lichtenberg zu sprechen: »Der Einfall ist gar herrlich zwischen den Akten eines drame serieux ein Ballett zu tanzen.«